La révolution de Dieu

Benoît XVI

La révolution de Dieu

MÉDIASPAUL

Bayard

Cet ouvrage est une reprise des textes prononcés par le pape Benoît XVI lors de son voyage apostolique à Cologne à l'occasion de la XXe Journée mondiale de la jeunesse (18-21 août 2005).

Titre original : *La revoluzione di Dio*

Pour la présente traduction française :
ISBN 2.227.47578.1

3 et 5, rue Bayard, 75393 Paris Cedex 08

ISBN 2.89420.661.5

3965, boul. Henri Bourassa Est
Montréal, QC, Canada, H1H 1L1
www.mediaspaul.qc.ca

Préface

Qui a vécu la XXe Journée mondiale de la jeunesse peut témoigner que celle-ci, comme celles qui l'ont précédée, a été une grande expérience de foi et de christianisme vécu. Grande expérience non seulement par le nombre et l'enthousiasme des participants, mais plus profondément par l'authenticité de la prière, le sens de l'appartenance commune au Christ et à l'Église, la générosité de l'engagement, ne serait-ce que dans le fait de supporter les fatigues et les désagréments inévitables, et finalement la joie et la maturité chrétienne de tant de jeunes.

Cette journée a eu un nouveau point de référence en la personne de Benoît XVI. Celui-ci a recueilli « avec anxiété mais aussi avec joie » le grand héritage que lui a légué son prédécesseur dont il s'est continûment réclamé, suscitant par là l'enthousiasme des jeunes. Il a souligné la « fécondité » de « l'intuition » et même de « l'inspiration » avec lesquelles Jean-Paul II a su comprendre les jeunes, a eu confiance en eux et les a incités à être « de courageux annonciateurs de l'Évangile et d'intrépides bâtisseurs de la civilisation de la vérité, de l'amour et de la paix ».

En même temps, Benoît XVI, de façon discrète et, en un certain sens, involontaire, mais pour cette raison précisément particulièrement efficace et profonde, a nettement marqué de son style personnel et surtout de sa manière de vivre le rapport avec le Christ la XXe Journée mondiale de la jeunesse. Il l'a fait, concrètement, en faisant de Jésus lui-même, le Christ eucharistique, le centre et le protagoniste de la Journée. Il l'a fait aussi en étant pleinement lui-même, dans la simplicité et la gentillesse de ses manières, dans la joie chrétienne qui transparaît à travers son visage. Cela, les jeunes l'ont immédiatement perçu et immédiatement aimé : ainsi le lien d'amour qui les a unis à Jean-Paul II a-t-il embrassé Benoît XVI avec une spontanéité et un naturel qui ont surpris de nombreux observateurs, mais qui sont le témoignage évident de la capacité des jeunes de voir dans la personne du pape le Successeur de Pierre et le Vicaire du Christ, et de l'authenticité du rapport que Benoît XVI a su tout de suite établir avec eux.

Le charisme propre au nouveau souverain pontife a eu encore un autre résultat : de cette Journée mondiale — concrètement des douze interventions de Benoît XVI — est née une présentation du mystère du Christ et de ses implications fondamentales pour la vie des croyants, pour la mission de l'Église et pour les destins de l'humanité, qui est contenue dans ce petit livre. C'est un livre que le pape a certainement écrit lui-même, qu'il a, sur certains points, improvisé au cours des rencontres, mais c'est aussi, d'une certaine façon, un livre écrit par les jeunes :

ou, mieux, c'est aussi le fruit du lien spécial qui unit déjà Benoît XVI aux jeunes, de cet « échange de dons » qui a eu lieu entre eux et lui dans la Journée mondiale de la jeunesse. Un petit livre qui constituera un guide très efficace au cœur du mystère du Dieu qui nous sauve, une stimulation à la foi, à la prière, à la conversion du cœur et de la vie, une source de lumière pour un jugement chrétien correct sur notre société et notre temps : pour les jeunes, mais pas seulement pour les jeunes.

Il est facile de suivre le fil conducteur de ce petit livre : il est en effet indiqué par le thème même de la XXe Journée mondiale de la jeunesse, « Nous sommes venus pour l'adorer » (Mt 2,2). Tout ce qui est écrit dans ce livre conduit à l'adoration de l'enfant qui est le Dieu dont l'amour nous transforme et nous rend nouveaux, nous et le monde entier. En d'autres termes, ce livre est avant tout une prière, comme la prière et l'adoration du Christ eucharistique ont été le thème dominant de la XXe Journée mondiale de la jeunesse. À travers le livre comme à travers la Journée transparaît la joie pour la beauté de la foi, pour la beauté du Christ et de la vie dans le Christ.

Ce que j'ai essayé de faire dans ces pages d'introduction, c'est simplement de mettre en évidence ce fil conducteur et l'unité du dessein global dans lequel s'insère chacun des douze textes de Benoît XVI. Mon travail a été facile et probablement superflu, parce que les paroles du pape possèdent, outre de la force et de la profondeur, une parfaite cohérence et une extraordinaire clarté.

Il convient, dans cette brève présentation, de s'arrêter tout de suite sur les idées fondamentales qui ont été exprimées surtout à Marienfeld, durant la veillée du samedi soir et dans l'homélie de la messe, le matin suivant. Dans le discours qu'il avait adressé aux jeunes depuis le bateau sur le Rhin, Benoît XVI avait indiqué le but essentiel de cette Journée de la jeunesse : arriver à contempler, de façon personnelle et en même temps communautaire, le visage de Dieu dévoilé dans l'enfant de la crèche. Faire donc l'expérience de la prière comme dialogue avec Dieu, dont nous nous savons aimés et que nous voulons aimer en retour. C'est pourquoi le pape adresse avec « insistance » à tous les jeunes venus à la Journée mondiale, baptisés ou non, croyants et non croyants, cette invitation : « Ouvrez tout grand votre cœur à Dieu, laissez-vous surprendre par le Christ ! Accordez-lui le "droit de vous parler" durant ces journées ! Ouvrez les portes de votre liberté à son amour miséricordieux !... Faites l'expérience libératrice de l'Église comme lieu de la miséricorde et de la tendresse de Dieu envers les hommes ! »

Les Mages, explique le pape à la veillée de Marienfeld, ont dû eux aussi, à leur arrivée à la cabane de Bethléem, se laisser surprendre par le Dieu qu'ils rencontrent dans un pauvre enfant : un Dieu bien différent de celui qu'ils imaginaient. Ils ont dû changer leur idée sur Dieu et l'homme, ils ont dû comprendre, en particulier, que le pouvoir et le mode d'action de Dieu sont différents de ceux des hommes, et spécialement des puissants de ce monde. Dieu, en effet, n'entre pas en concurrence avec les formes terrestres du pouvoir ; il oppose au contraire « au pouvoir tapageur et pompeux de ce monde, le pouvoir sans défense de l'amour qui, sur la Croix — et ensuite continuellement au cours de l'histoire —, succombe et qui cependant constitue la réalité nouvelle, divine, qui s'oppose ensuite à l'injustice et instaure le Règne de Dieu ».

Dans son homélie, à la messe du dimanche matin, Benoît XVI développe et approfondit cette pensée dans une perspective eucharistique. Par les paroles qu'il prononce sur le pain et sur le vin au cénacle, Jésus anticipe sa mort, « il l'accepte au plus profond de lui-même et il la transforme en un acte d'amour ». La Crucifixion, qui est extérieurement une violence brutale, devient intérieurement un acte d'amour qui se donne totalement. Telle est la transformation substantielle, la seule qui soit en mesure de faire naître un processus de transformations dont le terme ultime est la transformation du monde, jusqu'à ce que Dieu soit tout en tous (*cf.* 1 Co 15,28). Cet acte décisif d'amour transforme en effet la mort elle-même en amour et la dépasse de l'intérieur, rendant présente en elle la résurrection.

Benoît XVI recourt ici à une image forte et actuelle, celle de la « fission nucléaire introduite au plus intime de l'être », pour indiquer cette intime explosion du bien qui vainc le mal et qui seule peut déclencher la chaîne des transformations qui changent et renouvellent véritablement le monde. C'est là la vraie révolution dont l'humanité a, depuis toujours, un besoin et un désir profonds : au contraire, les révolutions du XXe siècle, qui avaient pour programme commun de ne pas attendre l'intervention de Dieu mais de prendre totalement en main le destin du monde, devaient nécessairement rendre absolu ce qui est relatif, adopter un point de vue humain et partial comme mesure absolue d'orientation. Mais l'« absolutisation » du relatif est l'essence du totalitarisme et, loin de libérer l'homme, elle lui retire sa dignité et le rend esclave.

La transformation fondamentale qui se produit lorsque le pain et le vin deviennent le corps et le sang du Christ exige et provoque d'abord notre transformation. Ce corps et ce sang nous sont en effet donnés pour que nous soyons transformés à notre tour : c'est-à-dire que nous sommes par eux unis au Christ et au Père et que nous devenons ainsi réellement capables de nous soumettre à Dieu, de faire de Lui la mesure de notre existence, par un acte qui ne nous rend pas étrangers à nous-mêmes mais qui nous libère en fonction de la vérité la plus intime de notre être. C'est là le sens plein de l'adoration, qui a constitué le centre de gravité de la XXe Journée mondiale de la jeunesse.

Déjà, dans le discours adressé aux jeunes depuis le bateau sur le Rhin, Benoît XVI avait repris les mots de l'homélie qu'il avait prononcée le 24 avril pour le début de son ministère de pasteur suprême : « Celui qui laisse entrer le Christ dans sa vie ne perd rien, rien, absolument rien de ce qui rend la vie libre, belle et grande… Ce n'est qu'avec cette amitié qu'on déverrouille réellement les grandes potentialités de la condition humaine… » Et, lors de la veillée de Marienfeld, il ajoutait : « C'est seulement le fait de se tourner vers le Dieu vivant, qui est notre créateur, le garant de notre liberté, le garant de ce qui est véritablement bon et vrai, qui peut sauver le monde. » En effet, « qu'est-ce qui pourrait bien nous sauver sinon l'amour » ? Et Dieu, le Dieu qui se révèle à nous en Jésus Christ, est précisément l'amour éternel.

Mais, concrètement, il est nécessaire que l'« heure » du Christ, le don qu'il fait de soi pour nous, devienne réellement notre « heure » : elle le deviendra « si nous-mêmes, par la célébration de l'Eucharistie, nous nous laissons entraîner dans ce processus de transformations que le Seigneur a en vue ». C'est-à-dire si nous acceptons de nous changer nous-mêmes, d'apprendre le style de Dieu, d'entrer dans le dynamisme d'amour de l'Eucharistie, jusqu'au don et à la perte de nous-mêmes pour nous trouver réellement nous-mêmes, jusqu'à « devenir des hommes de la vérité, du droit, de la bonté, du pardon, de la miséricorde ». C'est pourquoi l'Eucharistie doit devenir le centre de notre vie et doit donner concrètement un sens et une signification au dimanche, jour du Christ, jour du début de la création et, en même temps, jour de la rédemption, jour de la fête que Dieu lui-même prépare pour nous. Avec l'amour pour l'Eucharistie, nous pouvons aussi redécouvrir le sacrement de la réconciliation, « dans lequel la bonté miséricordieuse de Dieu permet toujours un nouveau commencement à notre vie ».

Tout cela touche et engage tout ce qu'il y a de plus intime et de plus personnel en chacun de nous, mais en même temps cela nous unifie et nous met en jeu tous ensemble comme corps du Christ qui est l'Église, non comme collectivité anonyme mais comme communion de personnes. En effet, en mangeant l'unique pain et en nous unissant ainsi intimement à l'unique Christ, nous devenons aussi entre nous une seule chose. Benoît XVI souligne avec une grande force de persuasion qu'il est inutile et fallacieux de se fabriquer, comme cela arrive souvent aujourd'hui, un dieu privé et un Jésus privé, qui peuvent être commodes mais qui, à la fin, nous laissent seuls. Le Christ et le Père nous sont montrés dans les Saintes Écritures et se révèlent vivants « dans la grande procession des fidèles appelée Église ».

On peut, certes, adresser de nombreuses critiques à l'Église. Le Seigneur lui-même nous a dit qu'elle est un filet rempli de bons et mauvais poissons, un champ où poussent le bon grain et l'ivraie. C'est pourquoi Jean-Paul II, d'un côté, nous a montré le vrai visage de l'Église dans les nombreux saints et bienheureux qu'il a proclamés et, de l'autre, a demandé pardon pour le mal causé dans le cours de l'histoire par les paroles et les œuvres des hommes d'Église. Mais c'est précisément cela qui peut nous consoler : car, malgré tous nos défauts et nos faiblesses, nous pouvons ainsi espérer nous trouver dans la suite de Jésus, lequel a justement appelé les pécheurs. L'Église est comme une famille humaine, mais, en même temps, elle est « la grande famille de Dieu, par laquelle Il forme un espace de communion et d'unité dans tous les continents, dans toutes les cultures et dans toutes les nations », comme nous le voyons à la Journée mondiale de Cologne ; un espace qui comprend le ciel et la terre, le passé, le présent et l'avenir. C'est pourquoi nous sommes heureux d'appartenir à cette grande famille, d'avoir des frères et des amis dans le monde entier et surtout de marcher avec le Christ, étoile qui éclaire l'histoire.

Le pape Benoît XVI donne un caractère concret au mystère de l'Église et à notre vocation de chrétiens, en proposant l'exemple et le témoignage des saints : cette longue procession d'hommes et de femmes — connus ou inconnus — qui, dans leur vie, ont constamment cherché Dieu et par l'intermédiaire desquels le Seigneur, dans le cours de l'histoire, a ouvert et continue d'ouvrir et de feuilleter devant nous les pages de l'Évangile. Ceux-ci sont « le sillon lumineux de Dieu ». Et, ayant appris du Christ à se donner, ils nous indiquent la voie à suivre pour être heureux et vraiment humains. Ils sont les vrais réformateurs qui, tant de fois, ont tiré l'histoire hors des vallées obscures dans lesquelles elle risque toujours de s'enfoncer. En contemplant leur vie nous apprenons concrètement ce que signifie « adorer ».

C'est sur cette base que, dans la partie finale de l'homélie de la messe du dimanche matin à Marienfeld, Benoît XVI formule un grand appel à la mission : « Qui a découvert le Christ se doit de conduire les autres vers lui. On ne peut garder pour soi une grande joie. Il faut la transmettre. » Cet appel devient encore plus fort et urgent en présence de l'« étrange oubli de Dieu » qui existe aujourd'hui dans de vastes parties du monde et qui finit par engendrer insatisfaction et frustration. Beaucoup de gens cherchent alors un remède dans une religion qu'ils se bricolent eux-mêmes mais qui, comme on l'a vu, à la fin ne leur vient pas en aide. C'est pourquoi le pape a demandé aux jeunes de la Journée mondiale, et à nous tous avec eux, d'aider les hommes à découvrir Jésus Christ, la vraie étoile qui nous indique la route. Nous devons donc, nous les premiers, chercher à le connaître toujours mieux, pour pouvoir guider de façon convaincante les autres vers lui : à telle fin, l'amour pour les Saintes Écritures revêt une importance particulière et, en conséquence, la connaissance de la foi de l'Église « qui nous ouvre le sens de l'Écriture », parce que l'Esprit saint guide l'Église et la « conduira vers la vérité tout entière » (*cf.* Jn 16,13).

Le pape Benoît XVI souligne à ce sujet la valeur fondamentale du *Catéchisme de l'Église catholique* et de l'*Abrégé* de ce *Catéchisme* qui a été rédigé récemment. Mais il ajoute naturellement que les livres à eux seuls ne suffisent pas, qu'il faut former des communautés fondées sur la foi. Beaucoup de communautés de ce genre, « dans lesquelles la force de l'Évangile se fait sentir avec vigueur », sont nées ces dernières décennies : Benoît XVI leur demande de chercher toujours la communion réciproque et, avant tout, la communion avec le pape et les évêques, garants de notre appartenance à la grande famille de Dieu.

Notre communion dans l'unique corps du Christ doit se manifester en outre dans tous les aspects concrets de la vie : dans la capacité de pardon comme dans la sensibilité aux besoins des autres et dans la disponibilité à partager. Et donc à s'engager pour son prochain, jusqu'à arriver à celui qui est « extrêmement loin mais qui nous regarde de près ». Le pape Benoît XVI souligne ici la valeur des différentes formes de volontariat dont notre société a un urgent besoin, par exemple celles qui concernent les personnes âgées et les personnes qui souffrent. La communion avec le Christ nous ouvre en effet les yeux, nous amène à découvrir qu'il est beaucoup plus beau d'être utile et d'être à la disposition des autres que de se soucier seulement des commodités qui nous sont offertes. « Je sais

— conclut le pape — que vous, en tant que jeunes, vous aspirez aux grandes choses, que vous voulez vous engager pour un monde meilleur. Montrez-le aux hommes, montrez-le au monde, qui attend justement ce témoignage des disciples de Jésus Christ et qui, surtout par votre amour, pourra découvrir l'étoile que, comme croyants, nous suivons. »

Dans son salut initial, à l'aéroport de Cologne-Bonn, Benoît XVI avait déjà montré comment disparaissent, dans la Journée mondiale de la jeunesse, les frontières entre les continents, les cultures, les races et les pays et comment nous sommes appelés à un esprit et à une attitude d'accueil sincère et universel, de dialogue et de collaboration entre personnes différentes, à « la vertu presque disparue de l'hospitalité, qui compte parmi les vertus les plus anciennes de l'homme ». Puis, durant la visite à la synagogue, il avait insisté sur la dignité transcendante commune à toute personne humaine, créée à l'image de Dieu, et, en conséquence, sur la nécessité d'exclure toute forme de discrimination entre les hommes : ce n'est donc pas un hasard si, au moment le plus sombre de l'histoire allemande et européenne, la tentative systématique d'exterminer le judaïsme fut l'œuvre d'une « folle idéologie raciste, de conception néo-païenne », qui ne reconnaissait plus la sainteté de Dieu et, pour cette raison, foulait au pied le caractère sacré de la vie humaine. Pour ce qui est des rapports entre l'Église catholique et les juifs, Benoît XVI poursuit avec décision la route tracée par la déclaration conciliaire *Nostra aetate* — sur laquelle Jean-Paul II « a accompli des pas décisifs ». Il a souligné que

« nous devons nous respecter et nous aimer mutuellement », notamment et spécialement là où nos convictions religieuses divergent, et diriger notre regard « vers l'avant », vers les tâches d'aujourd'hui et de demain, en progressant dans l'évaluation théologique du rapport entre judaïsme et christianisme et en collaborant sur le plan pratique pour défendre les droits de l'homme et le caractère sacré de la vie humaine, les valeurs de la famille, la justice sociale et la paix dans le monde. Le Décalogue, notre patrimoine et notre engagement commun, est pour nous tous et, en particulier, pour les jeunes, « non pas... un poids, mais la direction donnée sur le chemin d'une vie réussie ».

Dans la rencontre avec des représentants de diverses communautés musulmanes, Benoît XVI s'est réclamé de Jean-Paul II et de la déclaration *Nostra aetate,* dont le contenu, a-t-il dit, « reste pour nous la *Magna Charta* du dialogue avec vous, chers amis musulmans ». Dans cette rencontre, le pape a affronté avec une grande force et une grande clarté la question du terrorisme, « un choix pervers et cruel, qui bafoue le droit sacro-saint à la vie et qui sape les fondements mêmes de toute convivialité sociale », et il a remercié les représentants musulmans d'avoir repoussé, publiquement aussi, tout lien entre leur foi et le terrorisme. C'est en effet le devoir des responsables — spécialement à l'égard des nouvelles générations —, qui ont pour tâche de guider et d'enseigner, de condamner clairement le terrorisme, d'éteindre dans les cœurs les sentiments de rancœur, de lutter contre toute forme d'intolérance et de s'opposer à toute manifestation de violence. En réalité, chrétiens et musulmans sont appelés à écouter ensemble le message, prononcé « par la voix ténue mais claire de la conscience », sur la dignité de la personne et sur la défense des droits qui en découlent. Défense qui est le but de tout projet social et de tous les efforts mis en œuvre pour le réaliser. Ce n'est que dans la reconnaissance du caractère central de la personne que « l'on peut trouver un terrain commun d'entente, dépassant les éventuelles oppositions culturelles et neutralisant la force explosive des idéologies ». Le souvenir des guerres menées en invoquant, de part et d'autre, le nom de Dieu et des atrocités perpétrées au nom des religions devrait nous remplir de honte et nous pousser à chercher des voies de réconciliation et à respecter chacun l'identité de l'autre : c'est pourquoi la défense de la liberté religieuse et le respect des minorités sont un impératif constant et un signe de véritable civilisation.

La rencontre avec les séminaristes nous ramène au cœur de ce rapport sur lequel Benoît XVI a centré la Journée mondiale de la jeunesse : il a voulu cette rencontre « pour qu'apparaisse... dans toute son importance la dimension de la vocation », qui joue un rôle toujours plus grand dans ces journées. Le séminariste, en effet, « vit la beauté de l'appel dans un moment que nous pourrions appeler de "passion" », c'est-à-dire dans un moment fort où il recherche le rapport personnel et la rencontre avec le Christ. Ce n'est qu'à travers son expérience personnelle du Christ qu'il peut comprendre la volonté de celui-ci et donc sa propre vocation : c'est là la tâche et le but essentiel du séminaire, temps destiné à la formation et au discernement. Concrètement, le rôle des formateurs est décisif pour la qualité du séminaire et donc du presbyterium d'un diocèse. En parlant aux séminaristes, le pape a mis en lumière la figure de Marie et sa tâche qui est de nous faire voir, toucher, prendre dans nos bras Jésus, son Fils : à travers l'expérience du séminaire, en effet, le séminariste ne voit plus l'Église « de l'extérieur » mais il la ressent pour ainsi dire « de l'intérieur », comme sa maison, « parce que c'est la maison du Christ, où habite Marie sa mère ». Le séminaire est un temps de préparation à la mission, au moment où chaque séminariste retournera vers les hommes comme prêtre, comme *alter Christus*, et devra affronter les dangers, les fatigues, les désarrois, les doutes. Pour les surmonter, il est essentiel de toujours rappeler les paroles de Jésus : « Demeurez en mon amour » (*cf.* Jn 15,9). Nous pouvons ainsi porter beaucoup de fruits, comme il l'a promis.

Dans le discours aux évêques allemands, Benoît XVI a souligné que cette Journée mondiale peut représenter un nouveau début pour la pastorale des jeunes en Allemagne, comme cela est déjà arrivé dans les pays qui ont accueilli les Journées précédentes. Il s'agit maintenant, avant tout, de soutenir et de rendre pour ainsi dire « définitifs » l'enthousiasme des jeunes, leur union dans la joie de la foi, que seul le Seigneur a pu susciter. Le pape a reconnu les « rides » qui ne manquent pas non plus sur le visage de l'Église en Allemagne et les défis que celles-ci comportent ; défis qui vont parfois jusqu'à la nécessité d'une « véritable et première évangélisation », comme cela a déjà été souligné par les évêques allemands. Il a donné en outre de claires indications sur la priorité de l'adoration de Dieu et de Jésus Christ, sur la catéchèse, sur la pastorale des vocations, sur la pastorale de la famille, sur les associations et les mouvements et sur leurs rapports avec l'Église locale et la paroisse. Mais il a mis également l'accent sur la vitalité et sur les énergies positives de cette Église qui veut être ouverte à l'avenir, qui est jeune et toujours nouvelle parce que la source de la jeunesse de l'Église est l'éternité de Dieu, le Christ qui transparaît en elle et non une « feinte jeunesse, ce qui est au fond ridicule ». L'unité concrète des évêques entre eux et avec le Successeur de Pierre, qui naît de l'Eucharistie, est la parole qui conclut le message affectueux de Benoît XVI aux évêques allemands.

La rencontre œcuménique a d'abord offert au pape l'occasion de rappeler, dans la ligne du Concile, de Paul VI et de Jean-Paul II, que le retour à l'unité pleine et visible des chrétiens constitue une priorité de son pontificat. Le dialogue œcuménique est donc indispensable : il présente une importance particulière en Allemagne, pays d'origine de la Réforme mais aussi l'un des pays d'où est parti le mouvement œcuménique du XXe siècle. Le dialogue nous a fait progressivement redécouvrir notre réelle fraternité, qui « n'est pas simplement un vague sentiment et qui ne naît pas non plus d'une forme d'indifférence envers la vérité », mais qui se fonde sur la réalité surnaturelle de l'unique baptême, lequel nous insère tous dans l'unique corps du Christ. Benoît XVI a rappelé en particulier, comme fruit de ce dialogue, la « Déclaration commune sur la doctrine de la justification » de 1999 et il a ajouté qu'il s'attendait, lui aussi, comme beaucoup de chrétiens en Allemagne, « à de nouveaux pas concrets de rapprochement ». À ce sujet, pour le pape — et il le présente comme son « opinion personnelle » —, la vraie question, avant encore la question ecclésiologique et celle du *ministerium*, c'est « la présence de la Parole dans le monde », soit, concrètement, l'entrecroisement de la Parole de Dieu, des témoins de cette Parole dans la succession apostolique et de la *regula fidei* en tant que clé d'interprétation. Les grandes questions éthiques d'aujourd'hui sont ensuite une priorité urgente dans le dialogue œcuménique : sur ces questions, nous sommes amenés à donner, plus que par le passé, un témoignage commun et précis, pour ne pas manquer à notre devoir de croyants dans le Christ face aux hommes de notre temps.

À propos de la question : « Que signifie rétablir l'unité de tous les chrétiens ? », question de fond portant sur la finalité de l'œcuménisme, le pape rappelle clairement que, selon les catholiques, la pleine unité visible des disciples de Jésus Christ subsiste dans l'Église catholique, sans possibilité d'être perdue : mais cette unité ne signifie pas un « œcuménisme de retour », c'est-à-dire qu'elle ne demande pas aux autres de renier leur propre histoire de foi. Elle n'implique pas l'uniformité dans toutes les expressions de la théologie et de la spiritualité, dans les formes liturgiques et dans la discipline. Mais comme cette unité nous ne pouvons la « faire » par nos propres forces et qu'elle ne peut être qu'un don de l'Esprit saint, l'œcuménisme spirituel, c'est-à-dire la prière, la conversion et la sanctification de la vie, constitue le cœur de la rencontre et du mouvement œcuméniques. C'est pourquoi l'actuel développement d'un « réseau » de liaison spirituelle entre catholiques et chrétiens des différentes Églises et communautés ecclésiales est un réconfortant motif d'optimisme.

Dans ses douze interventions à la XXe Journée mondiale de la jeunesse, Benoît XVI a eu naturellement de nombreuses occasions de manifester sa joie pour son retour, en tant que Successeur de Pierre, dans sa terre, ainsi que son amour pour l'Allemagne, et d'évoquer les souvenirs et les liens qui l'unissent à Cologne. Dans le discours adressé aux jeunes sur la « Roncalliplatz », après la visite à la cathédrale de Cologne, il lui est arrivé, en particulier, de faire référence à sa vie personnelle. L'atmosphère de joie, de confiance et d'amitié dans laquelle il se trouvait l'a aussi engagé, dans certaines circonstances, à improviser en plaisantant des propos qu'on lit volontiers. De l'ensemble des textes ressort surtout, avec la joie, un sentiment de gratitude émue à l'égard de Dieu, accompagné d'une sincère reconnaissance pour ceux qui, à un titre ou à un autre, ont contribué à rendre possible cette première Journée de la jeunesse de Benoît XVI.

La lecture de ce petit livre renforcera en nous la certitude que le Seigneur nous a donné, dans la personne du nouveau souverain pontife, un grand maître de la foi et, en même temps, un pasteur qui connaît le chemin pour nous introduire dans l'intimité de Dieu : un catéchète d'une profondeur et d'une clarté extraordinaires, mais qui, avant cela encore, est un évangélisateur qui sait pour ainsi dire obliger, mais en douceur, à prêter attention au Christ. La pastorale de la jeunesse et toute la pastorale recevront à partir de lui un nouvel élan et une nouvelle orientation.

L'un de ses charismes particuliers, qui s'est manifesté avec plus de force encore à Cologne, c'est celui de joindre ouverture universelle et identité catholique, témoignage limpide et intégral de la vérité du Christ et douceur de l'amour fraternel, selon les paroles de la première épître de Pierre (3,15) : « Traitez saintement dans vos cœurs le Seigneur Christ, toujours prêts à la défense contre quiconque vous demande raison de l'espérance qui est en vous… avec douceur et respect. »

Avec Benoît XVI va se maintenir l'heureuse disposition de la Providence — qui s'était déjà rendue particulièrement manifeste dans la personne de Jean-Paul II et dans celle des autres papes des siècles derniers — par laquelle devient en quelque manière tangible, au sommet institutionnel de l'Église, l'ouverture au mystère de Dieu. Il est ainsi moins difficile de faire comprendre que la dimension humaine et terrestre de l'Église n'est pas séparée de sa dimension théologale et surnaturelle : en dernière analyse, que le salut n'est pas loin de nous.

Dans son interview à la Radio vaticane, avant son voyage à Cologne, le nouveau pape a dit expressément qu'il n'aurait jamais osé personnellement choisir l'Allemagne comme but de son premier voyage à l'étranger : « Mais si c'est vraiment le Bon Dieu qui en décide ainsi, certes nous avons le droit de nous en réjouir ! » Nous aussi, nous participons avec ses compatriotes à cette joie et nous nourrissons le profond espoir que Benoît XVI sera une grande bénédiction, en particulier pour l'Allemagne croyante.

Nous prions dans le même esprit pour que les fruits de la XXe Journée mondiale de la jeunesse soient durables et que son héritage soit vivant et dynamique dans la pastorale quotidienne de nos Églises comme dans les consciences et dans la vie des jeunes, jusqu'au rendez-vous de Sydney en 2008, en Australie, et, bien au-delà, la rencontre avec le Seigneur qui vient.

Camillo Card. Ruini

La vertu de l'hospitalité

Cérémonie d'arrivée
à l'aéroport Konrad Adenauer de Cologne-Bonn

Jeudi 18 août 2005

Monsieur le président de la République,
Mesdames et Messieurs les membres
des autorités civiles et politiques,
Messieurs les cardinaux et chers frères dans l'épiscopat,
Chers citoyens de la République fédérale,
Très chers jeunes,

Avec une joie profonde, je me trouve aujourd'hui, pour la première fois après mon élection sur la chaire de Pierre, dans ma chère patrie, l'Allemagne. Je ne peux que répéter ce que j'ai affirmé au cours d'un entretien accordé à Radio Vatican : je considère comme un geste bienveillant de réconciliation que, sans l'avoir voulu, ma première visite hors de l'Italie se déroule dans ma patrie : ici, à Cologne, et en un moment, un lieu et une occasion où se rencontrent des jeunes du monde entier, de tous les continents, et où s'effacent les frontières entre continents, entre cultures, entre races et entre nations, car nous ne sommes qu'une seule chose grâce à l'étoile qui a brillé pour nous : l'étoile de la foi en Jésus Christ, qui nous unit et nous montre le chemin, afin que nous puissions tous être une grande force de paix au-delà de toutes les frontières et de toutes les divisions. Pour cela, je rends grâce à Dieu qui m'a permis de commencer ici, dans ma patrie, et en une occasion si propitiatoire de paix. J'arrive donc à Cologne dans une continuité plus profonde, comme vous l'avez déjà souligné, Monsieur le Président, avec mon grand et bien-aimé prédécesseur Jean-Paul II, qui a eu cette intuition, je dirais même cette inspiration, des Journées mondiales de la Jeunesse, et qui de cette façon a créé une occasion d'une exceptionnelle signification non seulement religieuse et ecclésiale, mais également humaine, qui conduit les hommes, au-delà des frontières, les uns vers les autres et contribue à édifier un avenir commun.

Je vous remercie tous sincèrement, vous qui êtes ici présents, pour l'accueil chaleureux qui m'est réservé. Mon salut déférent va tout d'abord au président de la République fédérale, M. Horst Köhler. Je vous remercie pour les paroles courtoises à travers lesquelles vous vous êtes adressé à moi de tout votre cœur. Je ne savais pas qu'un économiste pouvait également être un philosophe et un théologien ! Merci de tout cœur. Ma gratitude respectueuse va aussi aux représentants du gouvernement, aux membres du corps diplomatique, et aux autorités civiles et militaires, au chancelier fédéral, au président de la Rhénanie-du-Nord-Westphalie et à toutes les autorités ici présentes.

Avec une affection fraternelle, je salue le pasteur de l'archidiocèse de Cologne, le cardinal Joachim Meisner. Avec lui, je salue les autres évêques et le président de la

Conférence épiscopale allemande, le cardinal Lehmann, les prêtres, les religieux, les religieuses et toutes les personnes qui collaborent aux diverses activités pastorales des diocèses de langue allemande. En ce moment, je désire rejoindre par la pensée et par l'affection tous les habitants des différents Länder de la République fédérale d'Allemagne.

En ces jours de plus intense préparation à la Journée mondiale de la Jeunesse, les diocèses d'Allemagne, et en particulier le diocèse et la ville de Cologne, sont animés par la présence de nombreux jeunes, provenant de diverses parties du monde. Je remercie les personnes qui ont offert leurs compétences et leur généreuse collaboration pour l'organisation de cet événement ecclésial de portée mondiale. Ma reconnaissance va aux paroisses, aux instituts religieux, aux associations, aux organisations civiles et aux citoyens, pour la sensibilité dont ils ont fait preuve en offrant une hospitalité chaleureuse et appropriée aux milliers de pèlerins venus ici des divers continents. Je trouve beau qu'en de telles occasions la vertu presque disparue de l'hospitalité, qui compte parmi les vertus les plus anciennes de l'homme, vive à nouveau et que de cette façon puissent se rencontrer des personnes de toutes les conditions.

L'Église qui vit en Allemagne et l'ensemble de la population de la République fédérale allemande peuvent s'enorgueillir d'une large et solide tradition d'ouverture à l'universel, comme en témoignent, entre autres, les nombreuses initiatives de solidarité, notamment en faveur des pays en voie de développement.

Avec une telle sensibilité et un tel esprit d'accueil envers ceux qui proviennent de traditions et de cultures différentes, nous nous apprêtons à vivre à Cologne la Journée mondiale de la jeunesse. La rencontre de tant de jeunes avec le Successeur de Pierre est un signe de la vitalité de l'Église. Je suis heureux d'être au milieu des jeunes, de soutenir leur foi et, si Dieu le veut, d'animer leur espérance. En même temps, je suis certain de recevoir également quelque chose des jeunes : leur enthousiasme, leur sensibilité et leur disponibilité me soutiendront et me donneront le courage de continuer le long de mon chemin au service de l'Église en tant que Successeur de Pierre, et de faire face aux défis de l'avenir. À vous tous, qui êtes ici présents, et à tous ceux qui ont accueilli des personnes venues d'autres parties du monde pour ces journées riches d'événements, j'adresse dès à présent mes salutations les plus cordiales. Outre les intenses moments de prière, de réflexion et de fête vécus avec les jeunes et avec ceux qui prendront part aux diverses manifestations programmées, j'aurai l'occasion de rencontrer les évêques, auxquels j'adresse dès à présent mon salut fraternel. Je rencontrerai aussi les représentants des autres Églises et communautés ecclésiales. Je serai honoré de me rendre à la synagogue, qui est chère à mon cœur, pour rencontrer la communauté juive, et j'accueillerai aussi les représentants de certaines communautés islamiques. Il s'agit de rencontres importantes pour intensifier le chemin de dialogue et de coopération, dans l'engagement commun pour la construction d'un avenir plus juste et plus fraternel, qui soit vraiment à la mesure de l'homme. Nous savons tous combien il est nécessaire de rechercher ce chemin, combien nous avons besoin de ce dialogue et de cette coopération.

Au cours de cette *Journée mondiale de la jeunesse*, nous réfléchirons ensemble sur le thème *« Nous sommes venus l'adorer »* (Mt 2,2). C'est une occasion à ne pas manquer pour approfondir la signification de l'existence humaine comme *« pèlerinage »* accompli sous la conduite de l'*« étoile »*, à la recherche du Seigneur. Nous regarderons ensemble la figure des Mages qui n'auraient jamais pu imaginer devenir pèlerins même après leur mort, ni qu'un jour leurs reliques auraient été transportées en pèlerinage à Cologne. Nous regarderons ces figures qui, venant de terres différentes, furent les premières à reconnaître en Jésus Christ, dans le Fils de la Vierge Marie, le Messie promis et à se prosterner devant lui (*cf.* Mt 2,1-12). À la mémoire de ces figures emblématiques sont particulièrement liées les communautés ecclésiales et la ville de Cologne. Comme les Mages, tous les croyants, spécialement les jeunes, sont appelés à affronter le chemin de la vie dans la recherche de la vérité, de la justice, de l'amour. Nous devons chercher cette étoile, nous devons la suivre. C'est un chemin dont le terme et la résolution ne peuvent se trouver que grâce à la rencontre avec le Christ, une rencontre qui ne se réalise pas sans la foi. Dans ce chemin intérieur, les nombreux signes que la longue et riche tradition chrétienne a laissés de manière indélébile sur cette terre d'Allemagne peuvent être une aide : des grands monuments historiques aux innombrables œuvres d'art dispersées sur tout le territoire, des documents conservés dans les bibliothèques aux traditions vécues avec une intense participation populaire, de la pensée philosophique à la réflexion théologique de ses nombreux penseurs, de son héritage spirituel à l'expérience mystique d'une multitude de saints. Il s'agit d'un très riche patrimoine culturel et spirituel qui, aujourd'hui encore, dans le cœur de l'Europe, témoigne de la fécondité de la foi et de la tradition chrétienne que nous devons faire revivre, car elle possède une force nouvelle pour l'avenir. Le diocèse et la région de Cologne conservent tout particulièrement la mémoire vive de grands témoins, qui, pour ainsi dire, sont présents dans le pèlerinage commencé avec les Rois mages. Je pense entre autres à saint Boniface, je pense à sainte Ursule, à saint Albert le Grand et, à une époque plus récente, à sainte Thérèse-Bénédicte de la Croix (Edith Stein) et au bienheureux Adolphe Kolping. Ces illustres frères dans la foi, qui, tout au long des siècles, ont porté haute la flamme de la sainteté, sont devenus des personnes qui ont vu l'étoile et qui l'ont montrée aux autres. Puissent ces figures être des *« modèles »* et des *« patrons »* de notre rencontre, de la Journée mondiale de la jeunesse. En vous renouvelant, à vous tous ici présents, mes remerciements les plus chaleureux pour votre aimable accueil, je prie le Seigneur pour le chemin futur de l'Église et de la société tout entière en République fédérale d'Allemagne, qui m'est si chère. Que sa longue histoire et les grands objectifs sociaux, économiques et culturels qui ont été atteints constituent un stimulant pour avancer, dans un engagement renouvelé, sur votre chemin en un moment de nouveaux problèmes et de grandes questions également pour les autres peuples du continent. Que la Vierge Marie, qui présenta l'Enfant Jésus aux Mages venus à Bethléem pour adorer le Sauveur, continue à intercéder pour nous, comme elle veille depuis des siècles sur le peuple d'Allemagne à travers les nombreux sanctuaires des Länder allemands. Que le Seigneur vous bénisse, vous qui êtes ici présents, qu'il bénisse aussi tous les pèlerins et les habitants du pays. Que Dieu protège la République fédérale d'Allemagne !

À qui me confier ?

Cérémonie d'accueil des jeunes
Cologne, Poller Wiesen

Jeudi 18 août 2005

Chers jeunes,

Je suis heureux de vous rencontrer ici, à Cologne, sur les rives du Rhin ! Vous êtes venus des différentes parties de l'Allemagne, de l'Europe, du monde, vous faisant pèlerins à la suite des Mages. En suivant leurs traces, vous voulez découvrir Jésus. Vous avez accepté de vous mettre en route, pour venir, vous aussi, contempler personnellement, et en même temps de manière communautaire, le visage de Dieu qui se révèle dans l'enfant de la crèche. Comme vous, je me suis mis, moi aussi, en route, pour venir, avec vous, m'agenouiller devant la blanche hostie consacrée, dans laquelle les yeux de la foi reconnaissent la présence réelle du Sauveur du monde. Nous continuerons à méditer ensemble sur le thème de cette Journée mondiale de la jeunesse : *« Nous sommes venus l'adorer »* (Mt 2,2).

Je vous salue et je vous accueille avec une immense joie, chers jeunes, vous qui êtes venus de près ou de loin, marchant sur les routes du monde et sur les routes de votre vie. Je salue particulièrement ceux qui sont venus de l'« Orient », comme les Mages. Vous êtes les représentants de ces foules innombrables de nos frères et sœurs en humanité qui attendent sans le savoir que l'étoile se lève dans leur ciel pour être guidés vers le Christ, Lumière des Nations, et trouver en lui la réponse satisfaisante à la soif de leur cœur. Je salue aussi avec affection ceux qui parmi vous ne sont pas baptisés, ceux qui ne connaissent pas encore le Christ ou qui ne se reconnaissent pas dans l'Église. Le pape Jean-Paul II vous a invités tout spécialement à cette rencontre ; je vous remercie d'avoir décidé de venir à Cologne. Certains d'entre vous se reconnaîtront peut-être dans le témoignage qu'Edith Stein donnait de son adolescence, elle qui vécut ensuite au Carmel de Cologne : *« J'avais consciemment et délibérément perdu l'habitude de prier. »* Durant ces journées, vous pourrez refaire l'expérience bouleversante de la prière comme dialogue avec Dieu, dont nous nous savons aimés et que nous voulons aimer en retour. À vous tous, je voudrais dire avec insistance : ouvrez tout grand votre cœur à Dieu, laissez-vous surprendre par le Christ ! Accordez-lui *« le droit de vous parler »* durant ces journées ! Ouvrez les portes de votre liberté à son amour miséricordieux ! Exposez vos joies et vos peines au Christ, le laissant illuminer de sa lumière votre intelligence et toucher de sa grâce votre cœur ! En ces jours bénis de partage et de joie, faites l'expérience libératrice de l'Église comme lieu de la miséricorde et de la tendresse de Dieu envers les hommes ! C'est en elle et par elle que vous rejoindrez le Christ, qui vous attend.

En arrivant aujourd'hui à Cologne pour participer avec vous à la *XXe Journée mondiale de la jeunesse*, s'impose à moi avec émotion et reconnaissance le souvenir du serviteur de Dieu tant aimé de nous tous, Jean-Paul II, qui eut l'idée lumineuse d'appeler les jeunes du monde entier à se rassembler pour célébrer ensemble le Christ, unique Rédempteur du genre humain. Grâce à ce dialogue profond qui s'est développé pendant plus de vingt ans entre le pape et les jeunes, beaucoup d'entre eux ont pu approfondir leur foi, tisser des liens de communion, se passionner pour la Bonne Nouvelle du salut en Jésus Christ et la proclamer dans de nombreuses parties de la Terre. Ce grand pape a su comprendre les défis auxquels les jeunes d'aujourd'hui sont confrontés et, affirmant sa confiance en eux, il n'a pas hésité à les inciter à être de courageux annonciateurs de l'Évangile et d'intrépides bâtisseurs de la civilisation de la vérité, de l'amour et de la paix.

Il me revient aujourd'hui de recueillir cet extraordinaire héritage spirituel que le pape Jean-Paul II nous a laissé. Il vous a aimés, vous l'avez compris, et vous le lui avez rendu avec tout l'enthousiasme de votre âge. Maintenant, tous ensemble, nous avons le devoir de mettre en pratique ses enseignements. Forts de cet engagement, nous sommes ici à Cologne, pèlerins à la suite des Mages. Selon la tradition, leurs noms en langue grecque étaient Melchior, Gaspard et Balthazar. Dans son Évangile, Matthieu rapporte la question qui brûlait le cœur des Mages : *« Où est le Roi des Juifs qui vient de naître ? »* (2,2). C'est pour Le rechercher qu'ils avaient fait le long voyage jusqu'à

Jérusalem. C'est pour cela qu'ils avaient supporté fatigues et privations, sans céder au découragement, ni à la tentation de retourner sur leurs pas. Maintenant qu'ils étaient proches du but, ils n'avaient pas d'autres questions à poser que celle-là. Nous aussi, nous sommes venus à Cologne parce que nous avons entendu résonner dans notre cœur, bien que sous une autre forme, la même question qui avait poussé les hommes de l'Orient à se mettre en chemin. Il est vrai que, aujourd'hui, nous ne cherchons plus un roi ; mais nous sommes préoccupés par l'état du monde et nous demandons : Où puis-je trouver les critères pour ma vie, les critères pour collaborer de manière responsable à l'édification du présent et de l'avenir de notre monde ? À qui puis-je faire confiance, à qui me confier ? Où est Celui qui peut m'offrir la réponse satisfaisante aux attentes de mon cœur ? Poser de telles questions signifie avant tout reconnaître que le chemin ne peut pas s'achever avant d'avoir rencontré Celui qui a le pouvoir d'instaurer son Royaume universel de justice et de paix, auquel les hommes aspirent, mais qu'ils ne savent pas construire tout seuls. Poser de telles questions signifie aussi chercher Quelqu'un qui ne se trompe pas et qui ne peut pas tromper, et qui est donc en mesure d'offrir une certitude assez forte pour permettre de vivre pour elle et, si nécessaire aussi, de mourir.

À l'horizon de l'existence, quand se profile une telle réponse, il faut, chers amis, savoir faire les choix nécessaires. C'est comme lorsque l'on se trouve à une croisée de chemins : quelle route prendre ? Celle qui m'est dictée par les passions ou celle qui m'est indiquée par l'étoile qui brille dans ma conscience ? Ayant entendu la réponse : *« À Bethléem en Judée, car voici ce qui est écrit par le prophète »* (Mt 2,5), les Mages choisirent de poursuivre leur route et d'aller jusqu'au bout, éclairés par cette parole. De Jérusalem, ils allèrent jusqu'à Bethléem, c'est-à-dire de la parole qui leur indiquait où se trouvait le roi des Juifs qu'ils cherchaient jusqu'à la rencontre avec ce roi qui était en même temps l'Agneau de Dieu qui enlève le péché du monde. Cette parole s'adresse aussi à nous. Nous aussi, nous devons faire un choix. En réalité, à bien y réfléchir, c'est précisément l'expérience que nous faisons en participant à chaque Eucharistie. À chaque messe, en effet, la rencontre avec la Parole de Dieu nous introduit à la participation au mystère de la croix et de la résurrection du Christ et ainsi nous introduit à la Table eucharistique, à l'union avec le Christ. Sur l'autel est présent Celui que les Mages virent couché sur la paille : le Christ, le Pain vivant descendu du ciel pour donner la vie au monde, l'Agneau véritable qui donne sa vie pour le salut de l'humanité. Éclairés par cette Parole, c'est toujours à Bethléem — la *« Maison du pain »* — que nous pourrons faire la rencontre bouleversante avec la grandeur inconcevable d'un Dieu qui s'est abaissé jusqu'à se donner à voir dans une mangeoire, jusqu'à se donner en nourriture sur l'autel.

Pouvons-nous imaginer la stupeur des Mages devant l'Enfant emmailloté ! Seule la foi leur permit de reconnaître sous les traits de cet enfant le roi qu'ils cherchaient, le Dieu vers lequel l'étoile les avait guidés. En lui, comblant le fossé entre le fini et l'infini, entre le visible et l'invisible, l'Éternel est entré dans le temps, le Mystère s'est fait reconnaître, se donnant à nous dans les membres fragiles d'un petit enfant. *« Aujourd'hui, les Mages considèrent avec une profonde stupeur ce qu'ils voient ici : le ciel sur la terre, la terre dans le ciel ; l'homme en Dieu, Dieu dans l'homme ; et celui que le monde entier ne peut contenir, enfermé dans le corps d'un tout-petit »* (saint Pierre Chrysologue, *Homélie pour l'Épiphanie*, 160, n. 2). Au cours de ces journées, en cette *Année de l'Eucharistie*, nous nous tournerons avec la même stupeur vers le Christ présent dans le Tabernacle de la miséricorde, dans le sacrement de l'Autel.

Chers jeunes, le bonheur que vous cherchez, le bonheur auquel vous avez le droit de goûter a un nom, un visage : celui de Jésus de Nazareth, caché dans l'Eucharistie. Lui seul donne la plénitude de vie à l'humanité ! Avec Marie, donnez votre *« oui »* à ce Dieu qui se propose de se donner à vous. Je vous redis aujourd'hui ce que j'ai dit au début de mon pontificat : *« Celui qui laisse entrer le Christ dans sa vie ne perd rien, rien, absolument rien de ce qui rend la vie libre, belle et grande. Non ! Ce n'est qu'avec cette amitié que s'ouvrent en grand les portes de la vie. Ce n'est qu'avec cette amitié qu'on déverrouille réellement les grandes potentialités de la condition humaine. Ce n'est qu'avec cette amitié que nous faisons l'expérience de ce qui est beau et de ce qui libère »* (*Homélie pour la messe inaugurale du pontificat*, 24 avril 2005). Soyez-en vraiment convaincus : le Christ n'enlève rien de ce qu'il y a de beau et de grand en vous, mais il mène tout à sa perfection, pour la gloire de Dieu, pour le bonheur des hommes, pour le salut du monde.

Au cours de ces journées, je vous invite à vous engager sans réserve à servir le Christ, quoi qu'il en coûte. La rencontre avec Jésus Christ vous permettra de goûter intérieurement la joie de sa présence vivante et vivifiante, pour en témoigner ensuite autour de vous. Que votre présence dans cette ville soit déjà le premier signe de l'annonce de l'Évangile par le témoignage de votre comportement et de votre joie de vivre. Laissons monter de notre cœur un hymne de louange et d'action de grâces au Père pour tant de bienfaits qu'il nous a accordés et pour le don de la foi que nous célébrerons ensemble, le manifestant au monde à partir de cette terre située au centre de l'Europe, d'une Europe qui doit beaucoup à l'Évangile et à ses témoins au cours des siècles.

Je vais maintenant me faire pèlerin à la cathédrale de Cologne, pour vénérer les reliques des saints Mages, qui ont accepté de tout quitter pour suivre l'étoile qui les conduisit au Sauveur du genre humain. Vous aussi, chers jeunes, vous avez déjà eu ou vous aurez l'occasion d'effectuer ce même pèlerinage. Ces reliques ne sont que des signes fragiles et pauvres de ce que furent les Mages et de ce qu'ils vécurent il y a tant de siècles. Les reliques nous conduisent à Dieu lui-même : en effet, c'est Lui qui, par la force de sa grâce, donne à des êtres fragiles le courage d'être ses témoins devant le monde. En nous invitant à vénérer les restes mortels des martyrs et des saints, l'Église n'oublie pas qu'il s'agit certes de pauvres ossements humains, mais d'ossements qui appartenaient à des personnes visitées par la puissance vivante de Dieu. Les reliques des saints sont des traces de la présence invisible mais réelle qui illumine les ténèbres du monde, manifestant que le règne de Dieu est au-dedans de nous. Elles crient avec nous et pour nous : « *Maranatha* » — « *Viens Seigneur Jésus.* » Très chers jeunes, c'est par ces paroles que je vous salue et je vous donne rendez-vous pour la veillée de samedi soir. À tous, je vous dis à bientôt !

À la cathédrale de Cologne

Cologne, Roncalliplatz

Jeudi 18 août 2005

Chers frères et sœurs !

Je suis heureux d'être avec vous ce soir, dans cette ville de Cologne que j'aime pour les nombreux et beaux souvenirs qui me lient à elle. J'ai passé à Bonn les premières années de ma carrière académique, des années inoubliables d'éveil, de jeunesse, d'espérance, avant le Concile, des années au cours desquelles je suis souvent venu à Cologne et j'ai appris à aimer cette Rome du Nord. Ici, on respire la grande histoire et le courant du fleuve apporte une ouverture au monde. C'est un lieu de rencontre, de culture. J'ai toujours aimé l'esprit, le sens de l'humour, la joie et l'intelligence de ses habitants. En outre, je dois dire que j'ai aimé la catholicité que les habitants de Cologne ont dans le sang, car les chrétiens sont présents ici depuis presque deux mille ans, et ainsi, la catholicité a pénétré le caractère des habitants, à travers une joyeuse religiosité. C'est pourquoi nous nous réjouissons aujourd'hui. Cologne peut donner aux jeunes quelque chose de sa catholicité joyeuse, qui est à la fois ancienne et jeune.

J'ai eu beaucoup de chance que l'archevêque de l'époque, le cardinal Frings, m'accorde dès le début sa pleine confiance, instaurant avec moi une amitié véritablement paternelle. Puis il m'a fait le grand don, bien que je fusse jeune et sans expérience, de m'appeler comme son théologien, de m'amener à Rome, de sorte que j'ai pu participer à ses côtés au concile Vatican II, et vivre de près cet extraordinaire et grand événement historique, y contribuant un peu.

J'ai connu aussi son successeur, le cardinal Höffner, lorsqu'il était évêque de Münster, auquel m'a également lié une vive et profonde amitié. Grâce à Dieu, cette chaîne d'amitié ne s'est pas brisée. Le cardinal Meisner est lui aussi un ami de longue date, de sorte que, depuis le cardinal Frings, et ensuite grâce aux cardinaux Höffner et Meisner, j'ai toujours pu me sentir chez moi ici, à Cologne.

Je pense à présent que le moment est venu de remercier haut et fort et du plus profond de mon cœur de nombreuses personnes. En premier lieu, rendons grâce au bon Dieu qui nous donne ce beau ciel bleu et bénit visiblement ces journées. Rendons grâce à la Mère de Dieu, qui a pris la direction de la Journée mondiale de la jeunesse. Je remercie le cardinal Meisner et tous ses collaborateurs ; le cardinal Lehmann, président de la Conférence épiscopale allemande et, avec lui, tous les évêques des diocèses d'Allemagne, en particulier le comité organisateur des Journées, ainsi que les diocèses et les communautés locales qui ont accueilli les jeunes au cours des jours passés. Je peux imaginer ce que tout cela signifie en termes d'énergie dépensée et de sacrifices supportés, et je souhaite que cela se révèle fécond pour la réussite spirituelle de cette Journée mondiale de la jeunesse. Je tiens enfin à manifester ma profonde gratitude aux autorités civiles et militaires, aux responsables communaux et régionaux, aux corps de la police et aux agents de la sécurité d'Allemagne et du Land de Rhénanie du Nord-Westphalie. En la personne du maire de la ville, je remercie toute la population de Cologne pour la compréhension dont elle fait preuve devant l'« invasion » de tant de jeunes venus de toutes les parties du monde.

La ville de Cologne ne serait pas ce qu'elle est sans les Rois mages, qui ont tant de poids dans son histoire, dans sa culture et dans sa foi. Ici, l'Église célèbre toute l'année, en un sens, la fête de l'Épiphanie ! C'est pourquoi, avant de m'adresser à vous, chers habitants de Cologne, j'ai voulu me recueillir quelques instants en prière devant le reliquaire des trois Rois mages, rendant grâce à Dieu pour leur témoignage de foi, d'espérance et d'amour. Parties de Milan en 1164, les reliques de ces sages d'Orient, escortées par l'archevêque de Cologne, Reinald von Dassel, franchirent les Alpes pour arriver à Cologne, où elles furent accueillies avec de grandes manifestations de liesse. Se déplaçant à travers l'Europe, les reliques des Mages ont laissé des traces évidentes, qui subsistent encore aujourd'hui dans des noms de lieux et dans la dévotion populaire. Pour les Rois mages, Cologne a fait fabriquer le reliquaire le plus précieux de tout le monde chrétien et a élevé au-dessus de lui un reliquaire encore plus grand : la cathédrale de Cologne. Avec Jérusalem, la « Ville sainte », avec Rome, la « Ville éternelle », avec Saint-Jacques-de-Compostelle en Espagne, Cologne, grâce aux Mages, est devenu au fil des siècles un des lieux de pèlerinage les plus importants de l'Occident chrétien.

Je ne voudrais pas à présent continuer de chanter les louanges de Cologne, bien qu'il soit possible et significatif de le faire : cela durerait trop longtemps, car il y aurait trop de choses grandes et belles à dire sur Cologne. Toutefois, je voudrais rappeler qu'ici nous vénérons sainte Ursule et ses compagnes ; qu'en 745 le Saint-Père nomma saint Boniface, archevêque de Cologne ; qu'ici a œuvré Albert le Grand, l'un des plus grands érudits du Moyen Âge et que ses reliques sont vénérées dans l'église Saint-André ; que Thomas d'Aquin, le plus grand théologien d'Occident, a étudié et enseigné ici ; qu'au XIXe siècle Adolph Kolping a fondé une œuvre sociale importante ; qu'Edith Stein, juive convertie, vivait ici à Cologne, au Carmel, avant de devoir fuir au Carmel d'Echt en Hollande, et d'être ensuite déportée à Auschwitz, où elle mourut en martyre. Grâce à ces figures, et à toutes les autres figures, connues et inconnues, Cologne possède un grand patrimoine de saints. Je voudrais dire encore au moins une chose : je crois savoir qu'ici, à Cologne, l'un des trois Rois mages a été identifié comme un roi maure venu d'Afrique, de sorte qu'un représentant du continent africain a été considéré comme l'un des premiers témoins de Jésus Christ. Je voudrais en outre ajouter qu'ici, à Cologne, sont nées de grandes initiatives exemplaires, dont l'action s'est diffusée dans le monde entier, comme *Misereor*, *Adveniat* et *Renovabis*.

Aujourd'hui, vous, jeunes du monde entier, vous êtes ici les représentants des peuples lointains qui ont reconnu le Christ à travers les Mages et qui furent réunis dans le nouveau peuple de Dieu, l'Église, qui rassemble des hommes et des femmes de toutes les cultures. À vous, chers jeunes, aujourd'hui, revient la tâche de vivre le souffle universel de l'Église. Laissez-vous enflammer par le feu de l'Esprit, afin qu'une nouvelle Pentecôte puisse se réaliser parmi vous et renouveler l'Église. Que, par vous, les jeunes de votre âge, de toutes les parties de la Terre, parviennent à reconnaître dans le Christ la réponse véritable à leurs attentes et qu'ils s'ouvrent pour l'accueillir, Lui, le Verbe incarné, mort et ressuscité, afin que Dieu soit parmi nous et nous donne la vérité, l'amour et la joie auxquels nous aspirons tous. Que Dieu bénisse ces journées.

Les racines juives du christianisme

Visite à la synagogue de Cologne

Cologne — Synagogue
Vendredi 19 août 2005

Éminentes autorités juives,
Mesdames et Messieurs,

Je salue tous ceux qui ont déjà été nommés. *Schalom lêchém !* C'était mon profond désir, à l'occasion de ma première visite en Allemagne après mon élection comme successeur de l'apôtre Pierre, de rencontrer la communauté juive de Cologne et les représentants du judaïsme allemand. Par cette visite, je voudrais me relier à l'événement du 17 novembre 1980, lorsque mon vénéré prédécesseur, le pape Jean-Paul II, au cours de son premier voyage en Allemagne, rencontra à Mayence le Comité central juif en Allemagne et la Conférence rabbinique. En cette circonstance, je veux aussi confirmer mon désir de poursuivre avec une grande vigueur le chemin en vue d'une amélioration des relations et de l'amitié avec le peuple juif, chemin sur lequel le pape Jean-Paul II a fait des pas décisifs (*cf. Discours à la délégation de l'International Jewish Committee on Interreligious Consultations*, 9 juin 2005).

La communauté juive de Cologne peut se sentir vraiment « *chez elle* » dans cette ville. Cette dernière est en effet le siège le plus ancien d'une communauté juive sur le territoire allemand : il remonte, nous l'avons su avec exactitude, à la ville de Cologne de l'époque romaine. L'histoire des relations entre la communauté juive et la communauté chrétienne est complexe et souvent douloureuse. Il y a eu des périodes bénies de bonne convivialité, mais il y a eu aussi l'expulsion des juifs de Cologne en 1424. Au XXe siècle, au temps le plus sombre de l'histoire allemande et européenne, une folle idéologie raciste, de conception néo-païenne, fut à l'origine de la tentative, projetée et systématiquement mise en œuvre par le régime, d'exterminer le judaïsme européen : se déroula alors ce qui est passé dans l'histoire sous le nom de Shoah. Les victimes de ce crime inouï, et jusque-là inimaginable, s'élèvent dans la seule ville de Cologne à 11 000 personnes dont le nom est connu ; en réalité, elles ont certainement été beaucoup plus nombreuses. La sainteté de Dieu ne se reconnaissait plus, et pour cela on foulait aussi aux pieds le caractère sacré de la vie humaine.

En cette année 2005, on célèbre le 60e anniversaire de la libération des camps de concentration nazis, où des millions de juifs — hommes, femmes et enfants — ont été tués dans les chambres à gaz et brûlés dans les fours crématoires. Je fais miennes les paroles écrites par mon vénéré prédécesseur à l'occasion du 60e anniversaire de la libération d'Auschwitz et je dis moi aussi : « *Je m'incline devant tous ceux qui ont eu à subir cette manifestation du* mysterium iniquitatis. » Les terribles événements d'alors doivent « sans cesse réveiller les consciences, éteindre les conflits, exhorter à la paix » (*Message pour la libération d'Auschwitz*, 15 janvier 2005). Nous devons nous souvenir ensemble de Dieu et de son sage projet sur le monde qu'il a créé : Lui, comme le rappelle le livre de la Sagesse, *« aime la vie »* (11,26).

Cette année, nous fêtons aussi le 40e anniversaire de la promulgation de la déclaration *Nostra aetate* du concile œcuménique Vatican II, qui a ouvert de nouvelles perspectives dans les relations judéo-chrétiennes, sous le signe du dialogue et de la solidarité. Cette déclaration, au chapitre IV, rappelle nos racines communes et le très riche patrimoine spirituel que partagent juifs et chrétiens. Aussi bien les juifs que les chrétiens reconnaissent en Abraham leur père dans la foi (*cf.* Ga 3,7 ; Rm 4,11ss) et ils font référence aux enseignements de Moïse et des prophètes. La spiritualité des juifs et celle des chrétiens se nourrissent des Psaumes. Avec l'apôtre Paul, les chrétiens sont convaincus que *« les dons de Dieu et son appel sont irrévocables »* (Rm 11,29 ; *cf.* 9,6.11 ; 11,1s). Étant donné les racines juives du christianisme (*cf.* Rm 11,16-24), mon vénéré prédécesseur, confirmant un jugement des évêques allemands, affirma : *« Qui rencontre Jésus Christ rencontre le judaïsme »* (*La Documentation catholique* 77 [1980], p. 1148).

De ce fait, la déclaration conciliaire *Nostra aetate* *« déplore les haines, les persécutions, les manifestations d'antisémitisme dirigées contre les Juifs, quels que soient leur époque et leurs auteurs »* (n. 4). Dieu nous a tous créés *« à son image »* (Gn 1,27), nous honorant ainsi d'une dignité transcendante. Devant Dieu, tous les hommes ont la même valeur et la même dignité, quels que soient le peuple, la culture ou la religion auxquels ils appartiennent. Pour cette raison, la déclaration *Nostra aetate* parle aussi avec grande estime des musulmans (*cf.* n. 3) et des personnes qui appartiennent aux autres religions (*cf.* n. 2). En raison de la dignité humaine commune à tous, l'Église catholique *« réprouve comme contraire à l'esprit du Christ, toute discrimination ou vexation dont sont victimes des hommes à cause de leur race, de leur couleur, de leur condition ou de leur religion »* (n. 5). L'Église est consciente de son devoir de transmettre, dans la catéchèse aux jeunes comme dans tous les aspects de sa vie, cette doctrine aux nouvelles générations qui n'ont pas été témoins des événements terribles survenus avant et durant la Seconde Guerre mondiale. C'est un devoir d'importance particulière dans la mesure où aujourd'hui, malheureusement, émergent de nouveau des signes d'antisémitisme et où se manifestent diverses formes d'hostilité généralisée envers les étrangers. Comment ne pas voir en cela un motif de préoccupation et de vigilance ? L'Église catholique s'engage — je le réaffirme aussi en cette circonstance — en faveur de la tolérance, du respect, de l'amitié et de la paix entre tous les peuples, toutes les cultures et toutes les religions.

Au cours des quarante années passées depuis la déclaration conciliaire *Nostra aetate,* en Allemagne et au niveau international, on a fait beaucoup pour l'amélioration et l'approfondissement des relations entre juifs et chrétiens. Outre les relations officielles, grâce surtout à la collaboration entre les spécialistes en sciences bibliques, de nombreuses amitiés sont nées. Je rappelle, à ce propos, les diverses déclarations de la Conférence épiscopale allemande et l'activité bénéfique de la *« Société pour la collaboration judéo-chrétienne de Cologne »*, qui ont contribué à faire en sorte que, à partir de 1945, la communauté juive puisse de nouveau se sentir véritablement *« chez elle »* ici, à Cologne, et instaurer une bonne convivialité avec les communautés chrétiennes. Il reste cependant encore beaucoup à faire. Nous devons nous connaître mutuellement beaucoup plus et beaucoup mieux. J'encourage donc un dialogue sincère et confiant entre juifs et chrétiens : c'est seulement ainsi qu'il sera possible de parvenir à une interprétation commune des questions historiques encore discutées et, surtout, de faire des pas en avant dans l'évaluation, du point de vue théologique, du rapport entre judaïsme et christianisme. Ce dialogue, s'il veut être sincère, ne doit pas passer sous silence les différences existantes ou les minimiser : précisément dans ce qui nous distingue les uns des autres à cause de notre intime conviction de foi, et en raison même de cela, nous devons nous respecter et nous aimer mutuellement.

Enfin, notre regard ne devrait pas se tourner seulement en arrière, vers le passé, mais devrait nous pousser aussi en avant, vers les tâches d'aujourd'hui et de demain. Notre riche patrimoine commun et nos relations fraternelles inspirées par une confiance croissante nous incitent à donner ensemble un témoignage encore plus unanime, collaborant sur le plan pratique pour la défense et la promotion des droits de l'homme et du caractère sacré de la vie humaine, pour les valeurs de la famille, pour la justice sociale et pour la paix dans le monde. Le décalogue (*cf.* Ex 20 ; Dt 5) constitue pour nous un patrimoine et un engagement communs. Les dix commandements ne sont pas un poids, mais la direction donnée sur le chemin d'une vie réussie. Ils le sont, en particulier, pour les jeunes que je rencontre ces jours-ci et qui me tiennent tant à cœur. Mon souhait est qu'ils sachent reconnaître dans le décalogue notre fondement commun, la lampe de leurs pas, la lumière de leur route (*cf.* Ps 119,105). Les adultes ont la responsabilité de transmettre aux jeunes le flambeau de l'espérance qui a été donnée par Dieu aux juifs comme aux chrétiens, pour que *« plus jamais »* les forces du mal n'arrivent au pouvoir et que les générations futures, avec l'aide de Dieu, puissent construire un monde plus juste et plus pacifique dans lequel tous les hommes aient un droit égal de citoyen.

Je conclus avec les paroles du psaume XXIX, qui sont un vœu et aussi une prière : *« Le Seigneur accorde à son peuple la puissance, le Seigneur bénit son peuple en lui donnant la paix. »*

Puisse-t-il nous exaucer !

L'amour n'a pas de pourquoi

Rencontre avec les séminaristes

Cologne – Saint-Pantaléon
Vendredi 19 août 2005

Chers confrères dans l'épiscopat et dans le sacerdoce,
Chers séminaristes !

Je vous salue tous avec beaucoup d'affection, vous remerciant de votre accueil joyeux et surtout vous remerciant d'être venus à ce rendez-vous de nombreux pays des cinq continents : nous formons véritablement ici une image qui reflète l'Église catholique présente dans le monde. J'adresse mes remerciements avant tout au séminariste, au prêtre et à l'évêque qui nous ont offert leur témoignage personnel et je dois dire que j'ai été profondément frappé de voir les voies sur lesquelles le Seigneur a conduit ces personnes, de façon inattendue et contraire à leurs projets. Merci de tout cœur. Je suis heureux de cette rencontre. J'ai voulu — je l'ai déjà dit — qu'au programme de ces journées de Cologne, il y eût une rencontre spéciale avec les jeunes séminaristes, pour qu'apparaisse véritablement et dans toute son importance la dimension vocationnelle, qui est toujours présente dans les Journées mondiales de la jeunesse. La pluie qui tombe du ciel se révèle être — me semble-t-il — également comme une bénédiction. Vous êtes séminaristes, c'est-à-dire des jeunes qui, en vue d'une importante mission dans l'Église, se trouvent dans un temps fort de recherche d'une relation personnelle avec le Christ et de rencontre avec lui. Car voici ce qu'est le séminaire : moins un lieu qu'un temps significatif de la vie d'un disciple de Jésus. J'imagine l'écho que peuvent avoir en vous les paroles du thème de cette vingtième Journée mondiale — *« Nous sommes venus l'adorer »* — et tout le récit évangélique des Mages dont ce thème est tiré. Chacun à sa façon — nous pensons aux trois témoignages que nous avons écoutés — est, comme eux, une personne qui voit une étoile, qui se met en chemin, qui fait l'expérience également de l'obscurité et qui, sous la direction de Dieu, peut parvenir à l'objectif. Cette page évangélique sur ce que les Mages cherchent et trouvent revêt pour vous une valeur singulière, chers séminaristes, justement parce que vous êtes en train d'accomplir un parcours de discernement — et cela est un véritable chemin — et de vérification de l'appel au sacerdoce. C'est sur cela que je voudrais m'arrêter et réfléchir avec vous.

Pourquoi les Mages de pays lointains sont-ils allés à Bethléem ? La réponse est liée au mystère de *« l'étoile »* qu'ils virent *« se lever »* et qu'ils identifièrent comme l'étoile du *« roi des Juifs »*, c'est-à-dire comme le signe de la naissance du Messie (*cf.* Mt 2,2). Et leur voyage fut donc animé par la force d'une espérance, qui dans l'étoile obtenait ensuite sa confirmation et recevait son guide vers *« le roi des Juifs »*, vers la royauté de Dieu lui-même.

Parce que cela est la signification de notre chemin : servir la royauté de Dieu dans le monde. Les Mages partirent parce qu'ils nourrissaient un grand désir qui les poussait à tout laisser et à se mettre en chemin. C'était comme s'ils avaient attendu depuis toujours cette étoile. Comme si ce voyage était depuis toujours inscrit dans leur destin, et se réalisait enfin. Chers amis, c'est cela le mystère de l'appel, de la vocation ; mystère qui engage la vie de tout chrétien, mais qui se manifeste avec une plus grande évidence chez ceux que le Christ invite à tout laisser pour le suivre de plus près. Le séminariste vit la beauté de l'appel dans un moment que nous pourrions définir de *passion.* Son âme est remplie de stupeur, qui lui fait dire dans la prière : Seigneur, mais pourquoi moi ? Et l'amour n'a pas de *pourquoi*, il est don gratuit, auquel on répond par le don de soi.

Le séminaire est le temps destiné à la formation et au discernement. La formation, comme vous le savez bien, a diverses dimensions qui convergent dans l'unité de la personne : elle comprend le domaine humain, spirituel et culturel. Son but le plus profond est de faire connaître intimement ce Dieu qui en Jésus Christ nous a montré son visage. C'est pourquoi une étude approfondie de la Sainte Écriture de même que de la foi et de la vie de l'Église, dans laquelle l'Écriture demeure comme parole vivante, est nécessaire. Tout cela doit se joindre aux questions de notre raison et donc au contexte de la vie humaine d'aujourd'hui. Cette étude peut parfois sembler pénible, mais elle constitue une partie irremplaçable de notre rencontre avec le Christ et de notre appel à l'annoncer. Tout concourt à développer une personnalité cohérente et équilibrée, en mesure d'assumer valablement la mission presbytérale, pour ensuite l'accomplir de façon responsable. Le rôle des formateurs est décisif : la qualité du presbyterium dans une Église particulière dépend en bonne partie de la qualité du séminaire, et par conséquent de celle des responsables de la formation. Chers séminaristes, c'est pourquoi, avec une vive reconnaissance, nous prions aujourd'hui pour tous vos supérieurs, vos professeurs et vos éducateurs, que nous sentons spirituellement présents à cette rencontre. Demandons au Seigneur qu'ils puissent remplir de la meilleure façon la tâche si importante qui leur est confiée. Le séminaire est un temps de cheminement, de recherche, mais surtout de découverte du Christ. En effet, c'est seulement dans la mesure où il fait une expérience personnelle du Christ que le jeune peut comprendre en vérité sa volonté, et donc sa propre vocation. Plus tu connais Jésus et plus son mystère t'attire ; plus tu le rencontres et plus tu es poussé à le chercher. C'est un mouvement de l'esprit qui dure toute la vie, et qui trouve au séminaire une saison riche de promesses, son *printemps*.

Arrivés à Bethléem, les Mages, *« en entrant dans la maison* — comme le dit l'Écriture —, *virent l'enfant avec Marie sa mère ; et, tombant à genoux, ils se prosternèrent devant lui »* (Mt 2,11). Voici enfin le moment tant attendu : la rencontre avec Jésus. *« Entrant dans la maison »* : cette maison représente d'une certaine façon l'Église. Pour rencontrer le Sauveur, il faut entrer dans la maison qui est l'Église. Durant le temps du séminaire, dans la conscience du jeune séminariste se produit une maturation particulièrement significative : il ne voit plus l'Église « de l'extérieur », mais il la ressent pour ainsi dire *« de l'intérieur »*, comme sa *« maison »*, parce que c'est la maison du Christ, où habite *« Marie sa mère »*. Et c'est justement la Mère qui lui montre Jésus, son fils, qui le lui présente, qui, en un sens, le lui fait voir, toucher, prendre dans ses bras. Marie lui enseigne à le contempler avec les yeux du cœur et à vivre de lui. À tout moment de la vie de séminaire, on peut faire l'expérience de cette présence aimante de la Madone qui introduit chacun à la rencontre du Christ, dans le silence de la méditation, dans la prière et dans la fraternité. Marie aide à rencontrer le Seigneur surtout dans la célébration eucharistique, quand, dans la Parole et dans le Pain consacré, Il se fait notre nourriture spirituelle quotidienne.

« Et, tombant à genoux, ils se prosternèrent devant lui. Ils lui offrirent leurs présents : de l'or, de l'encens et de la myrrhe » (Mt 2,11-12). Tel est le sommet de tout l'itinéraire : la rencontre se fait adoration, s'épanouit en un acte de foi et d'amour qui reconnaît en Jésus, né de Marie, le Fils de Dieu fait homme. Comment ne pas voir préfigurée dans le geste des Mages la foi de Simon Pierre et des autres apôtres, la foi de Paul et de tous les saints, en particulier des saints séminaristes et prêtres qui ont marqué les deux mille ans d'histoire de l'Église ? Le secret de la sainteté est l'amitié avec le Christ et l'adhésion fidèle à sa volonté. *« Le Christ est tout pour nous »*, disait saint Ambroise ; et saint Benoît exhortait à ne rien préférer à l'amour du Christ. Que le Christ soit tout pour vous ! À lui, surtout vous, chers séminaristes, offrez ce que vous

avez de plus précieux, comme le suggérait le vénéré Jean-Paul II dans son message pour cette Journée mondiale : l'or de votre liberté, l'encens de votre prière ardente, la myrrhe de votre affection la plus profonde (*cf.* n. 4).

Le séminaire est un temps de préparation à la mission. Les Mages *« regagnèrent leur pays »* et certainement rendirent témoignage de leur rencontre avec le roi des Juifs. Vous aussi, après le long et nécessaire itinéraire de formation du séminaire, vous serez envoyés pour être les ministres du Christ ; chacun de vous ira au milieu des gens comme *alter Christus.* Dans le voyage de retour, les Mages durent assurément affronter des périls, des fatigues, des désarrois, des doutes... Il n'y avait plus l'étoile pour les guider ! Désormais la lumière était en eux. C'est à eux qu'il revenait désormais de la garder et de la nourrir dans la constante mémoire du Christ, de son saint Visage, de son amour ineffable. Chers séminaristes ! Si Dieu le veut, un jour vous aussi, consacrés par l'Esprit saint, vous commencerez votre mission. Souvenez-vous toujours des paroles de Jésus : *« Demeurez dans mon amour »* (Jn 15,9). Si vous demeurez dans le Christ, vous porterez beaucoup de fruits. Ce n'est pas vous qui l'avez choisi — nous venons de l'entendre dans les témoignages —, mais lui qui vous a choisis (*cf.* Jn 15,16). Voilà le secret de votre vocation et de votre mission ! Il est conservé dans le cœur immaculé de Marie, qui veille avec un amour maternel sur chacun de vous. Ayez souvent recours à elle avec confiance. Je vous assure tous de mon affection et de ma prière quotidienne, et de tout cœur je vous bénis.

La réalité surnaturelle de l'unique baptême

Rencontre œcuménique

Cologne – Archevêché
Vendredi 19 août 2005

Chers frères et chères sœurs !

Après une journée chargée, permettez-moi de rester assis. Cela ne signifie pas que je désire parler *ex cathedra*. Excusez-moi également de mon retard. Malheureusement les vêpres ont pris plus de temps que prévu et la circulation a été plus lente que l'on ne pouvait imaginer. Je désire à présent exprimer ma joie de pouvoir, à l'occasion de ma visite en Allemagne, vous rencontrer et vous saluer très cordialement, vous les représentants des autres Églises et communautés ecclésiales.

Provenant moi-même de ce pays, je connais bien la situation pénible que la rupture de l'unité dans la profession de la foi a comportée pour tant de personnes et tant de familles. C'est aussi pour cette raison que, aussitôt après mon élection comme évêque de Rome, qui est successeur de l'apôtre Pierre, j'ai manifesté ma ferme intention de prendre comme une priorité de mon pontificat le retour à la pleine et visible unité des chrétiens. Ainsi, j'ai consciemment voulu suivre les traces de deux de mes grands prédécesseurs : Paul VI, qui, il y a désormais plus de quarante ans, a signé le décret conciliaire sur l'œcuménisme *Unitatis redintegratio,* et Jean-Paul II, qui fit ensuite de ce document le critère inspirateur de son action. Dans le dialogue œcuménique, la place de l'Allemagne revêt sans aucun doute une importance particulière. Nous sommes le pays d'origine de la Réforme ; mais l'Allemagne est aussi l'un des pays d'où est parti le mouvement œcuménique du XXe siècle. À la suite des flux migratoires du siècle dernier, des chrétiens des Églises orthodoxes et des anciennes Églises d'Orient ont trouvé dans ce pays une nouvelle patrie. Cela a indubitablement favorisé la confrontation et l'échange, si bien qu'il existe à présent entre nous un dialogue à trois. Ensemble, nous nous réjouissons de constater que le dialogue, au fil du temps, a suscité une redécouverte de notre fraternité et a créé entre les chrétiens des diverses Églises et communautés ecclésiales un climat plus ouvert et plus confiant. Dans son encyclique *Ut unum sint* (1995), mon vénéré prédécesseur a justement vu en cela un fruit particulièrement significatif du dialogue (*cf.* nn. 41s ; 64).

Je pense, par ailleurs, qu'il n'est pas si évident que cela que nous nous considérions véritablement comme frères, que nous nous aimions, que nous nous sentions ensemble témoins de Jésus Christ. Cette fraternité est en soi, comme je le crois, un fruit très important du dialogue, dont nous devons nous réjouir et que nous devrions continuer à entretenir et à pratiquer.

La fraternité entre les chrétiens n'est pas simplement un vague sentiment et elle ne naît pas non plus d'une forme d'indifférence envers la vérité. Elle est fondée — ainsi que vous venez de le dire, cher Monseigneur — sur la réalité surnaturelle de l'unique baptême, qui nous insère tous dans l'unique corps du Christ (*cf.* 1 Co 12,13 ; Ga 3,28 ; Col 2,12). Ensemble nous confessons Jésus Christ comme Dieu et Seigneur ; ensemble nous le reconnaissons comme unique médiateur entre Dieu et les hommes (*cf.* 1 Tm 2,5), soulignant notre commune appartenance à lui (*cf. Unitatis redintegratio*, n. 22 ; *Ut unum sint*, n. 42). Sur ce fondement essentiel du baptême, qui est une réalité qui vient de Lui, une réalité dans l'être et puis dans la profession de foi, dans la croyance et dans l'action, à partir de ce fondement décisif, le dialogue a porté ses fruits et continuera de le faire. Je voudrais mentionner le réexamen, souhaité par le pape Jean-Paul II durant sa première visite en Allemagne, des condamnations réciproques. Je pense avec un peu de nostalgie à cette première visite. J'ai pu être présent lorsque nous étions ensemble à Mayence dans un cercle relativement restreint et authentiquement fraternel. Des questions furent posées et le pape élabora une grande vision théologique, dans laquelle la réciprocité trouvait sa place. De cet entretien naquit ensuite la commission au niveau épiscopal, c'est-à-dire ecclésial, sous la responsabilité ecclésiale, qui avec l'aide des théologiens conduisit finalement au résultat important de la *Déclaration commune sur la doctrine de la justification* de 1999 et à un accord sur des questions fondamentales qui, depuis le XVIe siècle, étaient objet de controverses. Il faut ensuite reconnaître avec gratitude les résultats constitués par les diverses prises de position communes sur d'importants sujets tels que les questions fondamentales sur la défense de la vie et sur la promotion de la justice et de la paix. Je suis bien conscient que beaucoup de chrétiens en Allemagne, et pas seulement ici, s'attendent à de nouveaux pas concrets de rapprochement, et je les attends moi aussi. En effet, c'est le commandement du Seigneur, mais aussi l'impératif du moment présent, de continuer le dialogue de manière convaincue, à tous les niveaux de la vie de l'Église. Cela doit évidemment se réaliser avec sincérité et réalisme, avec patience et persévérance, dans la pleine fidélité aux préceptes de la conscience, dans la conviction que c'est le Seigneur qui, ensuite, donne l'unité, que ce n'est pas nous qui la créons, que c'est à Lui de la donner, mais que nous devons aller à sa rencontre.

Je n'entends pas développer ici un programme pour les thèmes immédiats du dialogue. Cela est la tâche des théologiens en collaboration avec les évêques : les théologiens sur la base de leur connaissance du problème, les évêques à partir de leur connaissance de la situation concrète des Églises dans notre pays et dans le monde. Qu'il me soit permis seulement de faire une petite remarque : on dit qu'à présent, après l'éclaircissement relatif à la doctrine de la justification, l'élaboration des questions ecclésiologiques et des questions relatives au ministère serait l'obstacle principal restant à surmonter. En définitive, cela est vrai, mais je dois dire également que je n'aime pas cette terminologie ni, d'un certain point de vue, cette délimitation du problème, puisqu'il semble que nous devrions à présent débattre des institutions plutôt que de la Parole de Dieu, comme si nous devions mettre au centre nos institutions et mener une guerre à cause d'elles. Je pense que, de cette manière, le problème ecclésiologique tout comme celui du *ministerium* ne sont pas affrontés correctement. La question véritable est la présence de la Parole dans le monde. L'Église primitive au IIᵉ siècle a pris une triple décision : tout d'abord celle d'établir le canon, en soulignant de cette manière la souveraineté de la Parole et en expliquant que non seulement l'Ancien Testament est *hai graphai*, mais que le Nouveau Testament constitue avec lui une unique Écriture et, de cette manière, est pour nous le souverain véritable. Mais dans le même temps, l'Église a formulé la succession apostolique, le ministère épiscopal, dans la conscience que la Parole et le témoin vont de pair, c'est-à-dire que la Parole n'est vivante et présente que grâce au témoin et, pour ainsi dire, reçoit de lui son interprétation, et que, réciproquement, le témoin n'est tel que s'il témoigne de la Parole. Et enfin, l'Église a ajouté comme troisième chose la *regula fidei* comme clé d'interprétation. Je crois que cette compénétration réciproque constitue un objet de dissension entre nous, même si nous sommes unis sur des choses fondamentales. Par conséquent, lorsque nous parlons d'ecclésiologie et de ministère, nous devrions plutôt parler de cet entrelacs entre Parole, témoin et règle de foi et le considérer comme une question ecclésiologique et donc ensemble comme une question de la Parole de Dieu, de sa souveraineté et de son humilité, puisque le Seigneur confie sa Parole aux témoins et concède l'interprétation qui doit toutefois être toujours mesurée à la *regula fidei* et au sérieux de la Parole. Excusez-moi si j'ai exprimé ici une opinion personnelle, mais il me semblait juste de le faire.

Une priorité urgente dans le dialogue œcuménique est ensuite constituée par les grandes questions éthiques posées par notre temps ; dans ce domaine, les hommes d'aujourd'hui en recherche s'attendent à juste titre à une réponse commune de la part des chrétiens, qui, grâce à Dieu, en de nombreux cas a été trouvée. Il existe un si grand nombre de déclarations communes de la Conférence épiscopale allemande et de l'Église évangélique en Allemagne, que nous ne pouvons qu'en être reconnaissants. Mais malheureusement cela n'arrive pas toujours. À cause de contradictions dans ce domaine, le témoignage évangélique et l'orientation éthique que nous devons aux fidèles et à la société perdent de leur force, prenant souvent des caractéristiques vagues, et ainsi nous manquons à notre devoir de donner à notre temps le témoignage nécessaire. Nos divisions sont en contradiction avec la volonté de Jésus et font que nous ne sommes plus crédibles devant les hommes. Je pense que nous devrions nous engager avec une énergie et un dévouement renouvelés à rendre un témoignage commun dans le cadre de ces grands défis éthiques de notre temps.

Et à présent demandons-nous ce que signifie rétablir l'unité de tous les chrétiens ? Nous savons tous qu'il existe de nombreux modèles d'unité et vous savez aussi que l'Église catholique a en vue d'atteindre la pleine unité visible des disciples de Jésus Christ, selon la définition qu'en a donnée le concile œcuménique Vatican II dans divers de ses documents (*cf. Lumen gentium*, nn. 8 ; 13 ; *Unitatis redintegratio*, nn. 2 ; 4, etc.). Cette unité, selon notre conviction, subsiste, oui, dans l'Église catholique sans possibilité d'être perdue (*cf. Unitatis redintegratio*, n. 4) ; l'Église en effet n'a pas totalement disparu du monde. D'autre part, cette unité ne signifie pas ce que l'on pourrait appeler un œcuménisme du retour : c'est-à-dire renier et refuser sa propre histoire de foi. Absolument pas ! Cela ne signifie pas uniformité de toutes les expressions de la théologie et de la spiritualité, dans les formes liturgiques et dans la discipline. Unité dans la multiplicité et multiplicité dans l'unité : dans l'homélie pour la solennité des saints apôtres Pierre et Paul, le 29 juin dernier, j'ai souligné que pleine unité et vraie catholicité, au sens originel du mot, vont de pair. Une condition nécessaire pour que cette coexistence se réalise est que l'engagement pour l'unité se purifie et se renouvelle continuellement, croisse et mûrisse. Le dialogue peut apporter sa contribution à cet objectif. Il est plus qu'un échange de pensées, qu'une entreprise académique : il est un échange de dons (*cf. Lumen gentium*, n. 28), dans lequel les Églises et les communautés ecclésiales peuvent mettre leurs trésors à la disposition des uns et des autres (*cf. Lumen gentium*, nn. 8 ; 15 ; *Unitatis redintegratio*, nn. 3 ; 14s ; *Ut unum sint*, nn. 10-14). C'est bien grâce à cet engagement que le chemin peut continuer pas à pas, jusqu'au moment où, finalement, comme le dit la Lettre aux Éphésiens, nous arriverons « tous ensemble à l'unité dans la foi et la vraie connaissance du Fils de Dieu, à l'état de l'Homme parfait, à la plénitude de la stature du Christ » (Ep 4,13). Il est évident qu'un tel dialogue ne peut en définitive se développer que dans un contexte de spiritualité sincère et cohérente. Nous ne pouvons pas « faire » l'unité par nos seules forces. Nous pouvons seulement l'obtenir comme un don de l'Esprit saint. L'œcuménisme spirituel, c'est-à-dire la prière, la conversion et la sanctification de la vie, constitue donc le cœur de la rencontre et du mouvement œcuménique (*cf. Unitatis redintegratio*, n. 8 ; *Ut unum sint*, nn. 15s ; 21, etc.). On pourrait dire aussi : la meilleure forme d'œcuménisme consiste à vivre selon l'Évangile.

Je souhaite moi aussi dans ce contexte rappeler le grand pionnier de l'unité, le P. Roger Schutz, qui a été arraché à la vie de manière si tragique. Je le connaissais personnellement depuis longtemps et j'avais avec lui une relation de cordiale amitié. Il m'a souvent rendu visite et, comme je l'ai déjà dit à Rome, le jour de sa mort j'ai reçu une lettre de lui qui m'est restée dans le cœur parce que dans celle-ci il soulignait son adhésion à mon cheminement et il m'annonçait vouloir venir me rendre visite. À présent, il nous rend visite de là-haut et il nous parle. Je pense que nous devrions l'écouter, écouter de l'intérieur son œcuménisme vécu spirituellement, et nous laisser conduire par son témoignage vers un œcuménisme intériorisé et spiritualisé.

Je vois un motif réconfortant d'optimisme dans le fait qu'aujourd'hui se développe une sorte de « réseau » de liens spirituels entre catholiques et chrétiens des diverses Églises et communautés ecclésiales : chacun s'engage dans la prière, dans la révision de sa vie, dans la purification de la mémoire, dans l'ouverture de la charité. Le père de l'œcuménisme spirituel, Paul Couturier, a parlé à ce sujet d'un *« monastère invisible »*, qui rassemble entre ses murs les âmes passionnées du Christ et de son Église. Je suis convaincu que, si un nombre croissant de personnes s'unissent intérieurement à la prière du Seigneur pour que *« tous soient un »* (Jn 17,21), une telle prière au nom de Jésus ne tombera pas dans le vide (*cf.* Jn 14,13 ; 15,7.16, etc.). Avec l'aide qui vient d'En Haut, nous trouverons, pour les diverses questions encore ouvertes, des solutions pratiques, et enfin le désir d'unité, quand et comme Il le voudra, se réalisera. À présent, parcourons ensemble ce chemin dans la conscience qu'être en chemin ensemble est une forme d'unité. Rendons grâces à Dieu pour cela et prions-le afin qu'il continue de tous nous guider.

La vie de tout être humain est sacrée

Rencontre avec les représentants de diverses communautés musulmanes

Cologne
Samedi 20 août 2005

Chers amis musulmans,

C'est pour moi un motif de grande joie de vous accueillir et de vous adresser mon salut cordial. Comme vous le savez, je suis ici à Cologne pour rencontrer les jeunes de toutes les parties de l'Europe et du monde. Les jeunes sont l'avenir de l'humanité et l'espérance des nations. Mon bien-aimé prédécesseur, le pape Jean-Paul II, disait un jour aux jeunes musulmans réunis dans le stade de Casablanca, au Maroc : « *Les jeunes peuvent construire un avenir meilleur s'ils mettent d'abord leur foi en Dieu et s'ils s'engagent à édifier ce monde nouveau selon le plan de Dieu, avec sagesse et confiance* » (n. 4 : *La Documentation catholique*, 82 [1985], p 943). C'est dans cet esprit que je m'adresse à vous, chers et estimés amis musulmans, pour partager avec vous mes espérances et aussi pour vous faire part de mes préoccupations en ces jours particulièrement difficiles de l'histoire de notre temps.

Je suis sûr d'interpréter aussi votre pensée en mettant en évidence, parmi ces préoccupations, celle qui naît du constat de l'expansion du phénomène du terrorisme. Je sais que vous avez été nombreux à repousser avec force, même publiquement, en particulier tout lien de votre foi avec le terrorisme et à le condamner clairement. Je vous en remercie, car cela renforce le climat de confiance dont nous avons besoin. Des actions terroristes continuent à se produire dans diverses parties du monde, jetant les personnes dans les larmes et le désespoir. Ceux qui ont pensé et programmé ces attentats démontrent leur désir de vouloir envenimer nos relations et détruire la confiance, en se servant de tous les moyens, même de la religion, pour s'opposer à tous les efforts de convivialité pacifique et sereine. Grâce à Dieu, nous sommes d'accord sur le fait que le terrorisme, quelle qu'en soit l'origine, est un choix pervers et cruel, qui bafoue le droit sacro-saint à la vie et qui sape les fondements mêmes de toute convivialité sociale. Si nous réussissons ensemble à extirper de nos cœurs le sentiment de rancœur, à nous opposer à toute forme d'intolérance et à toute manifestation de violence, nous freinerons ensemble la vague du fanatisme cruel qui met en danger la vie de nombreuses personnes, faisant obstacle à la progression de la paix dans le monde. La tâche est ardue, mais elle n'est pas impossible. Le croyant — et nous tous en tant que chrétiens et musulmans sommes croyants — sait en effet qu'il peut compter, malgré sa fragilité, sur la force spirituelle de la prière.

Chers amis, je suis profondément convaincu que nous devons proclamer, sans céder aux pressions négatives du moment, les valeurs de respect réciproque, de solidarité et de paix. La vie de tout être humain est sacrée, que cc soit pour les chrétiens ou pour les musulmans. Nous avons un grand champ d'action dans lequel nous nous sentons unis pour le service des valeurs morales fondamentales. La dignité de la personne et la défense des droits qui découlent de cette dignité doivent être le but de tout projet social et de tout effort mis en œuvre dans ce sens. Il s'agit d'un message rappelé sans équivoque par la voix ténue mais claire de la conscience. Il s'agit d'un message qu'il faut écouter et faire écouter : si l'écho s'en éteignait dans les cœurs, le monde serait exposé aux ténèbres d'une nouvelle barbarie. C'est uniquement sur la reconnaissance du caractère central de la personne que l'on peut trouver un terrain commun d'entente, dépassant les éventuelles oppositions culturelles et neutralisant la force explosive des idéologies.

Dans la rencontre que j'ai eue au mois d'avril avec les délégués des Églises et communautés ecclésiales, et avec les représentants des diverses traditions religieuses, j'ai déclaré : *« Je vous assure que l'Église souhaite continuer d'établir des ponts d'amitié avec les membres de toutes les religions, dans la recherche du bien véritable de toute personne et de la société dans son ensemble »* (*La Documentation catholique*, 102 [2005], p. 550). L'expérience du passé nous enseigne que le respect mutuel et la compréhension, malheureusement, n'ont pas toujours marqué les relations entre chrétiens et musulmans. Combien de pages de l'histoire évoquent les batailles et aussi les guerres qui se sont produites, en invoquant, de part et d'autre, le nom de Dieu, en laissant presque penser que combattre l'ennemi et tuer l'adversaire pouvaient lui être agréables. Le souvenir de ces tristes événements devrait nous remplir de honte, connaissant bien les atrocités qui ont été commises au nom de la religion. Les leçons du passé doivent nous servir à éviter de répéter les mêmes erreurs. Nous voulons rechercher les voies de la réconciliation et apprendre à vivre en respectant chacun l'identité de l'autre. En ce sens, la défense de la liberté religieuse est un impératif constant, et le respect des minorités est un signe indiscutable d'une véritable civilisation.

À ce propos, il est toujours opportun de se rappeler ce que les Pères du concile Vatican II ont dit concernant les relations avec les musulmans : *« L'Église regarde aussi avec estime les musulmans, qui adorent le Dieu unique, vivant et subsistant, miséricordieux et tout-puissant, créateur du ciel et de la terre, qui a parlé aux hommes, et aux décrets duquel, même s'ils sont cachés, ils s'efforcent de se soumettre de toute leur âme, comme s'est soumis à Dieu Abraham, à qui la foi islamique se réfère volontiers [...]. Même si, au cours des siècles, de nombreuses dissensions et inimitiés sont nées entre chrétiens et musulmans, le saint concile les exhorte tous à oublier le passé, à pratiquer sincèrement la compréhension mutuelle, ainsi qu'à protéger et à promouvoir ensemble, pour tous les hommes, la justice sociale, les biens de la morale, la paix et la liberté »* (Déclaration *Nostra aetate*, n. 3). Ces paroles du concile Vatican II restent pour nous la *« Magna Charta »* du dialogue avec vous, chers amis musulmans, et je suis heureux que vous nous ayez parlé avec le même esprit et que vous ayez confirmé ces intentions.

Chers amis estimés, vous représentez certaines communautés musulmanes qui existent dans le pays où je suis né, où j'ai étudié et vécu une bonne partie de ma vie. C'est précisément pour cela que j'avais le désir de vous rencontrer. Vous guidez les croyants de l'islam et vous les éduquez dans la foi musulmane. L'enseignement est le moyen par lequel se communiquent idées et convictions. La parole est la voie royale de l'éducation des esprits. Vous avez donc une grande responsabilité dans la formation des nouvelles générations. J'apprends avec gratitude dans quel esprit vous cultivez cette responsabilité. Ensemble, chrétiens et musulmans, nous devons faire face aux nombreux défis qui se posent à notre temps. Il n'y a pas de place pour l'apathie, ni pour le désengagement, et encore moins pour la partialité et le sectarisme. Nous ne pouvons pas céder à la peur, ni au pessimisme. Nous devons plutôt cultiver l'optimisme et l'espérance. Le dialogue interreligieux et interculturel entre chrétiens et musulmans ne peut pas se réduire à un choix passager. C'est en effet une nécessité vitale, dont dépend en grande partie notre avenir. Les jeunes, provenant de nombreuses parties du monde, sont ici à Cologne comme des témoins vivants de la solidarité, de la fraternité et de l'amour. Je souhaite de tout mon cœur, chers et estimés amis musulmans, que le Dieu miséricordieux et plein de compassion vous protège, vous bénisse et vous éclaire toujours. Que le Dieu de la paix soutienne nos cœurs, nourrisse notre espérance et guide nos pas sur les chemins du monde !

Merci !

La véritable révolution

Veillée avec les jeunes

Cologne - Marienfeld
Samedi 20 août 2005

Chers jeunes !

Dans notre pèlerinage avec les mystérieux Mages d'Orient, nous sommes arrivés au moment que saint Matthieu, dans son Évangile, décrit ainsi : « *En entrant dans la maison (sur laquelle l'étoile s'était arrêtée), ils virent l'enfant avec Marie sa mère ; et, tombant à genoux, ils se prosternèrent devant lui* » (Mt 2,11). Le cheminement extérieur de ces hommes était achevé. Ils étaient parvenus à leur but. Mais, à ce point, commence pour eux un nouveau cheminement, un pèlerinage intérieur qui change toute leur vie, parce qu'ils avaient sûrement imaginé ce roi nouveau-né d'une manière différente. Ils s'étaient précisément arrêtés à Jérusalem pour recueillir auprès du roi local des informations sur le roi promis qui venait de naître. Ils savaient que le monde était désordonné, et c'est pourquoi leur cœur était inquiet. Ils étaient certains que Dieu existait et qu'il était un Dieu juste et bienveillant. Et peut-être avaient-ils entendu parler des grandes prophéties dans lesquelles les prophètes d'Israël annonçaient un roi qui serait en harmonie intime avec Dieu et qui, en son nom et pour son compte, rétablirait l'ordre dans le monde. Pour chercher ce roi, ils s'étaient mis en route : au plus profond d'eux-mêmes, ils étaient à la recherche du droit, de la justice qui devait venir de Dieu, et ils voulaient servir ce roi, se prosterner à ses pieds et ainsi contribuer eux-mêmes au renouveau du monde. Ils appartenaient à cette sorte de gens *« qui ont faim et soif de la justice »* (Mt 5,6). Une telle faim et une telle soif les avaient accompagnés dans leur pèlerinage — ils s'étaient faits pèlerins à la recherche de la justice qu'ils attendaient de Dieu, pour pouvoir se mettre à son service.

Même si les autres personnes, celles qui étaient restées chez elles, les considéraient peut-être comme des utopistes et des rêveurs, ils étaient au contraire des personnes qui avaient les pieds sur terre et qui savaient que, pour changer le monde, il faut disposer du pouvoir. C'est pourquoi ils ne pouvaient chercher l'enfant de la promesse ailleurs que dans le palais du roi. Maintenant, ils se prosternaient cependant devant l'enfant de pauvres gens, et ils en vinrent rapidement à savoir que, fort de son pouvoir, Hérode — le roi auprès duquel ils s'étaient rendus — avait l'intention de le poursuivre, en sorte qu'il ne resterait plus à la famille que la fuite et l'exil. Le nouveau roi, devant lequel ils s'étaient prosternés, était très différent de ce qu'ils attendaient. Ainsi, ils devaient apprendre que Dieu est différent de la façon dont habituellement nous l'imaginons. C'est ici que commença leur cheminement intérieur. Il commença au moment même où ils se prosternèrent devant l'enfant et où ils le reconnurent comme le roi promis. Mais la joie qu'ils manifestaient par leurs gestes devait s'intérioriser.

Ils devaient changer leur idée sur le pouvoir, sur Dieu et sur l'homme, et, ce faisant, ils devaient aussi se changer eux-mêmes. Maintenant, ils le constataient : le pouvoir de Dieu est différent du pouvoir des puissants de ce monde. Le mode d'agir de Dieu est différent de ce que nous imaginons et de ce que nous voudrions lui imposer à lui aussi. Dans ce monde, Dieu n'entre pas en concurrence avec les formes terrestres du pouvoir. Il n'a pas de divisions à opposer à d'autres divisions. Dieu n'a pas envoyé à Jésus, au jardin des Oliviers, douze légions d'anges pour l'aider (*cf.* Mt 26,53). Au pouvoir tapageur et pompeux de ce monde, Il oppose le pouvoir sans défense de l'amour qui, sur la croix — et ensuite continuellement au cours de l'histoire —, succombe et qui cependant constitue la réalité nouvelle, divine, qui s'oppose ensuite à l'injustice et instaure le Règne de Dieu. Dieu est différent — c'est cela qu'ils reconnaissent maintenant. Et cela signifie que, désormais, eux-mêmes doivent devenir différents, ils doivent apprendre le style de Dieu.

Ils étaient venus pour se mettre au service de ce roi, pour conformer leur royauté à la sienne. Telle était la signification de leur geste de déférence, de leur adoration. Leurs présents — or, encens et myrrhe —, dons qui s'offraient à un roi considéré comme divin, en faisaient aussi partie. L'adoration a un contenu et comporte aussi un don. Voulant par leur geste d'adoration reconnaître cet enfant comme leur roi, au service duquel ils entendaient mettre leur pouvoir et leurs capacités, les hommes venant d'Orient suivaient assurément les traces justes. En le servant et en le suivant, ils voulaient, avec lui, servir la cause de la justice et du bien dans le monde. Et, en cela, ils avaient raison. Maintenant, ils apprennent cependant que cela ne peut se réaliser simplement en donnant des ordres et du haut d'un trône. Maintenant, ils apprennent qu'ils doivent se donner eux-mêmes — un don moindre que celui-là ne suffit pas pour ce roi. Maintenant, ils apprennent que leur vie doit se conformer à cette façon divine d'exercer le pouvoir, à cette façon d'être de Dieu lui-même. Ils doivent devenir des hommes de la vérité, du droit, de la bonté, du pardon, de la miséricorde. Ils ne poseront plus la question : À quoi cela me sert-il ? Ils devront au contraire poser la question : Avec quoi est-ce que je sers la présence de Dieu dans le monde ? Ils doivent apprendre à se perdre eux-mêmes et ainsi à se trouver eux-mêmes. Quittant Jérusalem, ils doivent demeurer sur les traces du vrai roi, à la suite de Jésus.

Chers amis, nous nous demandons ce que tout cela signifie pour nous. Car ce que nous venons de dire sur la nature différente de Dieu, qui doit orienter notre vie, sonne bien, mais reste plutôt indéfini et vague. C'est pourquoi Dieu nous a donné des exemples. Les Mages venant d'Orient sont seulement les premiers d'un long cortège d'hommes et de femmes qui, dans leur vie, ont constamment cherché du regard l'étoile de Dieu, qui ont cherché le Dieu qui est proche de nous, les êtres humains, et qui nous indique la route. C'est le grand cortège des saints — connus ou inconnus —, par lesquels le Seigneur, tout au long de l'histoire, a ouvert devant nous l'Évangile et en a fait défiler les pages ; c'est la même chose qu'il est en train de faire maintenant. Dans leur vie, comme dans un grand livre illustré, se dévoile la richesse de l'Évangile. Ils sont le sillon lumineux de Dieu, que Lui-même, au long de l'histoire, a tracé et trace encore. Mon vénéré prédécesseur, le pape Jean-Paul II, a béatifié et canonisé une grande foule de personnes, de périodes lointaines et récentes. Par ces figures, il a voulu nous montrer comment il faut faire pour être chrétien ; comment il faut faire pour mener sa vie de manière juste — pour vivre selon le mode de Dieu. Les bienheureux et les saints ont été des personnes qui n'ont pas cherché obstinément leur propre bonheur, mais qui ont simplement voulu se donner, parce qu'ils ont été touchés par la lumière du Christ. Ils nous montrent ainsi la route pour devenir heureux, ils nous montrent comment on réussit à être des personnes vraiment humaines. Dans les vicissitudes de l'histoire, ce sont eux, les saints, qui ont été les véritables réformateurs qui, bien souvent, ont fait sortir l'histoire des vallées obscures dans lesquelles elle court toujours le risque de s'enfoncer à nouveau ; ils l'ont illuminée chaque fois que cela était nécessaire, pour donner la possibilité d'accepter — parfois dans la douleur — la parole prononcée par Dieu au terme de l'œuvre de la création : « Cela est bon. » Il suffit de penser à des figures comme saint Benoît, saint François d'Assise, sainte Thérèse d'Avila, saint Ignace de Loyola, saint Charles Borromée, aux fondateurs des ordres religieux du XIXe siècle qui ont animé et orienté le mouvement social, ou aux saints de notre temps — Maximilien Kolbe, Edith Stein, Mère Teresa, Padre Pio. En contemplant ces figures, nous apprenons ce que signifie « adorer », et ce que veut dire vivre selon la mesure de l'enfant de Bethléem, selon la mesure de Jésus Christ et de Dieu lui-même.

Les saints, avons-nous dit, sont les vrais réformateurs. Je voudrais maintenant l'exprimer de manière plus radicale encore : c'est seulement des saints, c'est seulement de Dieu que vient la véritable révolution, le changement décisif du monde. Au cours du siècle qui vient de s'écouler, nous avons vécu les révolutions dont le programme commun était de ne plus rien attendre de Dieu, mais de prendre totalement dans ses mains le destin du monde. Et nous avons vu que, ce faisant, un point de vue humain et partial était toujours pris comme la mesure absolue des orientations. L'absolutisation de ce qui n'est pas absolu mais relatif s'appelle totalitarisme. Cela ne libère pas l'homme, mais lui ôte sa dignité et le rend esclave. Ce ne sont pas les idéologies qui sauvent le monde, mais seulement le fait de se tourner vers le Dieu vivant, qui est notre créateur, le garant de notre liberté, le garant de ce qui est véritablement bon et vrai. La révolution véritable consiste uniquement dans le fait de se tourner sans réserve vers Dieu, qui est la mesure de ce qui est juste et qui est, en même temps, l'amour éternel. Qu'est-ce qui pourrait bien nous sauver sinon l'amour ?

Chers amis, permettez-moi d'ajouter seulement deux brèves pensées. Ceux qui parlent de Dieu sont nombreux ; au nom de Dieu on prêche aussi la haine et on exerce la violence. Il est donc important de découvrir le vrai visage de Dieu. Les Mages d'Orient l'ont trouvé quand ils se sont prosternés devant l'enfant de Bethléem. *« Celui qui m'a vu a vu le Père »*, disait Jésus à Philippe (Jn 14,9). En Jésus Christ, qui, pour nous, a permis que son cœur soit transpercé, en lui, est manifesté le vrai visage de Dieu. Nous le suivrons avec la grande foule de ceux qui nous ont précédés. Alors, nous cheminerons sur le juste chemin.

Cela veut dire que nous ne nous construisons pas un Dieu privé, nous ne nous construisons pas un Jésus privé, mais que nous croyons en Jésus et que nous nous prosternons devant lui, devant ce Jésus qui nous est révélé par les Saintes Écritures et qui, dans la grande foule des fidèles appelée Église, se révèle vivant, toujours avec nous, et dans le même temps toujours devant nous. On peut beaucoup critiquer l'Église. Nous le savons, et le Seigneur lui-même nous l'a dit : elle est un filet avec de bons et de mauvais poissons, un champ avec le bon grain et l'ivraie. Le pape Jean-Paul II, qui, dans les nombreux bienheureux et saints qu'il a proclamés, nous a montré le vrai visage de l'Église, a aussi demandé pardon pour ce qui, dans le cours de l'histoire, en raison de l'action et de la parole d'hommes d'Église, s'est produit de mal. De cette manière, il nous a aussi fait voir notre vraie image et il nous a exhortés à entrer avec tous nos défauts et toutes nos faiblesses dans le cortège des saints, qui a commencé avec les Mages d'Orient. En définitive, que l'ivraie existe dans l'Église est consolant. Ainsi, avec tous nos défauts, nous pouvons néanmoins espérer nous trouver encore à la suite de Jésus, qui a précisément appelé les pécheurs. L'Église est comme une famille humaine, mais elle est aussi, en même temps, la grande famille de Dieu, par laquelle Il forme un espace de communion et d'unité dans tous les continents, dans toutes les cultures et dans toutes les nations. Nous sommes donc heureux d'appartenir à cette grande famille que nous voyons ici ; nous sommes heureux d'avoir des frères et des amis dans le monde entier. Nous faisons précisément l'expérience, ici, à Cologne, du fait qu'il est beau d'appartenir à une famille vaste comme le monde, qui comprend le ciel et la terre, le passé, le présent et l'avenir, et toutes les parties de la terre. Dans ce grand rassemblement de pèlerins, nous marchons avec le Christ, nous marchons avec l'étoile qui éclaire l'histoire.

« En entrant dans la maison, ils virent l'enfant avec Marie sa mère ; et, tombant à genoux, ils se prosternèrent devant lui » (Mt 2,11). Chers amis, il ne s'agit pas d'une histoire lointaine, survenue il y a très longtemps. Il s'agit d'une présence. Ici, dans la sainte hostie, il est devant nous et au milieu de nous. Comme en ce temps-là, il se voile mystérieusement dans un silence sacré et, comme en ce temps-là, se dévoile précisément le vrai visage de Dieu. Il s'est fait pour nous le grain de blé tombé en terre, qui meurt et qui porte du fruit jusqu'à la fin du monde (*cf.* Jn 12,24). Il est présent comme en ce temps-là à Bethléem. Il nous invite au pèlerinage intérieur qui s'appelle adoration. Mettons-nous maintenant en route pour ce pèlerinage et demandons-lui de nous guider. Amen.

Entrez dans l'heure du Christ

Célébration eucharistique

Cologne - Marienfeld
Dimanche 21 août 2005
(Paroles du Saint-Père au début de la messe)

Cher cardinal Meisner,
Chers jeunes !

Je voudrais te remercier cordialement, cher confrère dans l'épiscopat, pour tes paroles émouvantes qui nous introduisent de façon si opportune dans cette célébration liturgique. J'aurais voulu parcourir en « papamobile » tout le territoire de long en large pour être le plus proche possible de chacun individuellement. En raison de la difficulté de se faire un passage, cela n'a pas été possible, mais je salue chacun de tout cœur. Le Seigneur voit et aime chaque personne en particulier. Tous ensemble, nous formons l'Église vivante et nous rendons grâces au Seigneur pour cette heure où Il nous donne le mystère de sa présence et la possibilité d'être en communion avec Lui.

Nous savons tous que nous sommes imparfaits, que nous ne pouvons pas être pour Lui une maison appropriée. C'est pourquoi nous commençons la messe en nous recueillant et en priant le Seigneur d'effacer en nous tout ce qui nous sépare de Lui et qui nous sépare les uns des autres. Qu'Il nous fasse ainsi le don de célébrer dignement les saints mystères.

*

* *

Chers jeunes !

Devant la sainte hostie, dans laquelle Jésus s'est fait pour nous pain qui soutient et nourrit notre vie de l'intérieur (*cf.* Jn 6,35), nous avons commencé hier soir le cheminement intérieur de l'adoration. Dans l'Eucharistie, l'adoration doit devenir union. Dans la célébration eucharistique, nous nous trouvons en cette *« heure »* de Jésus dont parle l'Évangile de Jean. Grâce à l'Eucharistie, son *« heure »* devient notre heure, sa présence au milieu de nous. Avec ses disciples, il a célébré la cène pascale d'Israël, le mémorial de l'action libératrice de Dieu qui avait conduit Israël de l'esclavage à la liberté. Jésus suit les rites d'Israël. Il récite sur le pain la prière de louange et de bénédiction. Mais ensuite se produit quelque chose de nouveau. Il ne remercie pas Dieu seulement pour ses grandes œuvres du passé ; il Le remercie pour sa propre exaltation, qui se réalisera par la Croix et la Résurrection, et il s'adresse aussi aux disciples avec des mots qui contiennent la totalité de la Loi et des Prophètes : *« Ceci est mon Corps donné pour vous en sacrifice. Ce calice est la Nouvelle Alliance en mon Sang. »* Il distribue alors le pain et offre le calice, et en même temps il leur confie la mission de dire et de faire toujours de nouveau en sa mémoire ce qu'il est en train de dire et de faire en ce moment.

Qu'est-ce qui est en train de se passer ? Comment Jésus peut-il donner son corps et son sang ? Faisant du pain son corps et du vin son sang, il anticipe sa mort, il l'accepte au plus profond de lui-même et il la transforme en un acte d'amour. Ce qui de l'extérieur est une violence brutale — la crucifixion — devient de l'intérieur l'acte d'un amour qui se donne totalement. Telle est la transformation substantielle qui s'est réalisée au cénacle et qui visait à faire naître un processus de transformations, dont le terme ultime est la transformation du monde jusqu'à ce que Dieu soit tout en tous (cf. 1 Co 15,28). Depuis toujours, tous les hommes, d'une manière ou d'une autre, attendent dans leur cœur un changement, une transformation du monde. Maintenant se réalise l'acte central de transformation qui est seul en mesure de renouveler vraiment le monde : la violence se transforme en amour, et donc la mort en vie. Puisque cet acte change la mort en amour, la mort comme telle est déjà dépassée au plus profond d'elle-même, la résurrection est déjà présente en elle. La mort est, pour ainsi dire, intimement blessée, de telle sorte qu'elle ne peut avoir le dernier mot. Pour reprendre une image qui nous est familière, il s'agit d'une fission nucléaire portée au plus intime de l'être — la victoire de l'amour sur la haine, la victoire de l'amour sur la mort. Seule l'explosion intime du bien qui vainc le mal peut alors engendrer la chaîne des transformations qui, peu à peu, changeront le monde. Tous les autres changements demeurent superficiels et ne sauvent pas. C'est pourquoi nous parlons de rédemption : ce qui du plus profond était nécessaire se réalise, et nous pouvons entrer dans ce dynamisme. Jésus peut distribuer son corps, parce qu'il se donne réellement lui-même.

Cette première transformation fondamentale de la violence en amour, de la mort en vie, entraîne à sa suite les autres transformations. Le pain et le vin deviennent son corps et son sang. Cependant, la transformation ne doit pas s'arrêter là, c'est plutôt à ce point qu'elle doit commencer pleinement. Le corps et le sang du Christ nous sont donnés afin que, nous-mêmes, nous soyons transformés à notre tour. Nous-mêmes, nous devons devenir corps du Christ, consanguins avec lui. Tous mangent l'unique pain, mais cela signifie qu'entre nous nous devenions une seule chose. L'adoration, avons-nous dit, devient ainsi union. Dieu n'est plus seulement en face de nous, comme le totalement autre. Il est au-dedans de nous, et nous sommes en Lui. Sa dynamique nous pénètre et, à partir de nous, elle veut se propager aux autres et s'étendre au monde entier, pour que son amour devienne réellement la mesure dominante du monde. Je trouve une très belle allusion à ce nouveau pas que la dernière cène nous pousse à faire dans les différents sens que le mot *« adoration »* a en grec et en latin. Le mot grec est *proskynesis*. Il signifie le geste de la soumission, la reconnaissance de Dieu comme notre vraie mesure, dont nous acceptons de suivre la règle. Il signifie que liberté ne veut pas dire jouir de la vie, nous croire absolument autonomes, mais nous orienter selon la mesure de la vérité et du bien, pour devenir de cette façon, nous aussi, vrais et bons. Cette attitude est nécessaire, même si, dans un premier temps, notre soif de liberté résiste à une telle perspective. Il ne sera possible de la faire totalement nôtre que dans le second pas que la dernière cène nous entrouvre. Le mot latin pour adoration est *ad-oratio* — contact bouche à bouche, baiser, accolade et donc en définitive amour. La soumission devient union, parce que celui auquel nous nous soumettons est Amour. Ainsi, la soumission prend un sens, parce qu'elle ne nous impose pas des choses étrangères, mais nous libère à partir du plus profond de notre être.

Revenons encore à la dernière cène. La nouveauté qui s'y est produite résidait dans la nouvelle profondeur que prenait l'ancienne prière de bénédiction d'Israël, qui devient alors la parole de la transformation et nous donne à nous de participer à l'heure du Christ. Jésus ne nous a pas donné la mission de répéter la Cène pascale, qui, du reste, en tant qu'anniversaire, ne peut pas se répéter à volonté. Il nous a donné la mission d'entrer dans son « heure ». Nous y entrons grâce à la parole qui vient du pouvoir sacré de la consécration — une transformation qui se réalise par la prière de louange, qui nous met en continuité avec Israël et avec toute l'histoire du salut, et qui en même temps nous donne la nouveauté vers laquelle cette prière tendait par sa nature la plus profonde. Cette prière — appelée par l'Église *« prière eucharistique »* — constitue l'Eucharistie. Elle est parole de pouvoir, qui transforme les dons de la terre de façon tout à fait nouvelle en don de soi de Dieu et qui nous engage dans ce processus de transformation. C'est pourquoi nous appelons cet événement Eucharistie, traduction du mot hébraïque *beracha* — remerciement, louange, bénédiction, et ainsi transformation à partir du Seigneur : présence de son *« heure »*. L'heure de Jésus est l'heure où l'amour est vainqueur. En d'autres termes : c'est Dieu qui a vaincu, parce qu'Il est l'Amour. L'heure de Jésus veut devenir notre heure et elle le deviendra, si nous-mêmes, par la célébration de l'Eucharistie, nous nous laissons entraîner dans ce processus de transformations que le Seigneur a en vue. L'Eucharistie doit devenir le centre de notre vie. Ce n'est ni positivisme ni soif de pouvoir, si l'Église nous dit que l'Eucharistie fait partie du dimanche. Au matin de Pâques, les femmes en premier, puis les disciples, eurent la grâce de voir le Seigneur. Depuis lors, ils surent que désormais le premier jour de la semaine, le dimanche, serait son jour à lui, le jour du Christ. Le jour du commencement de la création devenait le jour du renouvellement de la création. Création et rédemption vont ensemble. C'est pour cela que le dimanche est aussi important. Il est beau aujourd'hui que, dans de nombreuses cultures, le dimanche soit un jour libre ou que, avec le samedi, il constitue même ce qu'on appelle le *week-end* libre. Ce temps libre, toutefois, demeure vide si Dieu n'y est pas présent. Chers amis ! Quelquefois, dans un premier temps, il peut se révéler plutôt malcommode de devoir prévoir aussi la messe dans le programme du dimanche. Mais, si vous en prenez l'engagement, vous constaterez aussi que c'est précisément ce qui donne le juste centre au temps libre. Ne vous laissez pas dissuader de participer à l'eucharistie dominicale et aidez aussi les autres à la découvrir. Parce que la joie dont nous avons besoin se dégage d'elle, nous devons assurément apprendre à en comprendre toujours plus la profondeur, nous devons apprendre à l'aimer. Engageons-nous en ce sens, cela en vaut la peine ! Découvrons la profonde richesse de la liturgie de l'Église et sa vraie grandeur : nous ne faisons pas la fête pour nous, mais c'est au contraire le Dieu vivant lui-même qui prépare une fête pour nous. En aimant l'Eucharistie, vous redécouvrirez aussi le sacrement de la Réconciliation, dans lequel la bonté miséricordieuse de Dieu permet toujours un nouveau commencement à notre vie.

Qui a découvert le Christ se doit de conduire les autres vers lui. On ne peut garder pour soi une grande joie. Il faut la transmettre. Dans de vastes parties du monde, il existe aujourd'hui un étrange oubli de Dieu. Il semble que rien ne change même s'Il n'est pas là. Mais, en même temps, il existe aussi un sentiment de frustration, d'insatisfaction de tout et de tous. On ne peut alors que s'exclamer : Il n'est pas possible que ce soit cela, la vie ! Non, vraiment. Et alors, conjointement à l'oubli de Dieu, il existe comme un *boom* du religieux. Je ne veux pas discréditer tout ce qu'il y a dans cette tendance. Il peut y avoir aussi la joie sincère de la découverte. Mais, dans ce contexte, la religion devient presque un produit de consommation. On choisit ce qui plaît, et certains savent aussi en tirer un profit. Mais la religion recherchée comme une sorte de *bricolage*, en fin de compte, ne nous aide pas. Elle est commode, mais, dans les moments de crise, elle nous abandonne à nous-mêmes. Aidez les hommes à découvrir la véritable étoile qui nous indique la route : Jésus Christ ! Nous aussi, nous cherchons à le connaître toujours mieux pour pouvoir conduire les autres vers lui de manière convaincante. C'est pourquoi il est si important d'aimer la Sainte Écriture et, par conséquent, de connaître la foi de l'Église qui nous ouvre le sens de l'Écriture. C'est l'Esprit saint qui guide l'Église dans sa foi en croissance, et c'est Lui qui l'a faite et qui la fait pénétrer toujours plus dans les profondeurs de la vérité (*cf.* Jn 16,13). Le pape Jean-Paul II nous a donné une œuvre merveilleuse, dans laquelle la foi des siècles est expliquée de façon synthétique : le *Catéchisme de l'Église catholique.* Moi-même, récemment, j'ai pu présenter l'*Abrégé* de ce catéchisme, qui a également été élaboré à la demande du pape défunt. Ce sont deux livres fondamentaux que je voudrais vous recommander à tous.

Évidemment, les livres à eux seuls ne suffisent pas. Formez des communautés fondées sur la foi ! Au cours des dernières décennies sont nés des mouvements et des communautés dans lesquels la force de l'Évangile se fait sentir avec vigueur. Cherchez la communion dans la foi en étant ensemble des compagnons de route qui continuent à suivre le chemin du grand pèlerinage que les Mages d'Orient nous ont indiqué les premiers ! La spontanéité des nouvelles communautés est importante, mais il est aussi important de conserver la communion avec le pape et avec les évêques. Ce sont eux qui garantissent qu'on ne recherche pas des sentiers privés, mais au contraire qu'on vit dans la grande famille de Dieu que le Seigneur a fondée avec les douze apôtres.

Encore une fois je dois revenir à l'Eucharistie. « *Puisqu'il y a un seul pain, la multitude que nous sommes est un seul corps* », dit saint Paul (1 Co 10,17). En cela il entend dire : Puisque nous recevons le même Seigneur et que Lui nous accueille et nous attire en Lui, nous sommes une seule chose aussi entre nous. Cela doit se manifester dans la vie. Cela doit se voir dans la capacité de pardonner. Cela doit se manifester dans la sensibilité aux besoins de l'autre. Cela doit se manifester dans la disponibilité à partager. Cela doit se manifester dans l'engagement envers le prochain, celui qui est proche comme celui qui est extérieurement loin, mais qui nous regarde toujours de près. Il existe aujourd'hui des formes de bénévolat, des modèles de service mutuel, dont notre société a précisément un besoin urgent. Nous ne devons pas, par exemple, abandonner les personnes âgées à leur solitude, nous ne devons pas passer à côté de ceux qui souffrent. Si nous pensons et si nous vivons dans la communion avec le Christ, alors nos yeux s'ouvriront. Alors nous ne nous contenterons plus de vivoter, préoccupés seulement de nous-mêmes, mais nous verrons où et comment nous sommes nécessaires. En vivant et en agissant ainsi, nous nous apercevrons bien vite qu'il est beaucoup plus beau d'être utiles et d'être à la disposition des autres que de se préoccuper seulement des facilités qui nous sont offertes. Je sais que vous, en tant que jeunes, vous aspirez aux grandes choses, que vous voulez vous engager pour un monde meilleur. Montrez-le aux hommes, montrez-le au monde, qui attend justement ce témoignage des disciples de Jésus Christ et qui, surtout par votre amour, pourra découvrir l'étoile que, comme croyants, nous suivons.

Allons de l'avant avec le Christ et vivons notre vie en vrais adorateurs de Dieu ! Amen !

Angélus

Cologne - Marienfeld
Dimanche 21 août 2005

Chers amis,

Nous sommes arrivés au terme de cette merveilleuse célébration, et aussi de la vingtième Journée mondiale de la jeunesse. Je sens résonner fortement dans mon cœur une parole : *« merci ! »* Je suis sûr — et je le sens — qu'elle trouve un écho unanime en chacun de vous. C'est Dieu lui-même qui l'a imprimée dans nos cœurs et qui l'a scellée par cette Eucharistie, qui signifie justement *« action de grâces »*. Oui, chers jeunes, la parole de gratitude qui naît de la foi s'exprime dans le chant de louange qui monte vers Dieu, Père, Fils et Esprit saint, Lui qui nous a donné un grand témoignage de son immense amour.

Notre « merci » qui monte avant tout vers Dieu — Lui seul pouvait nous le donner ainsi — pour le don de cette rencontre inoubliable, notre remerciement s'étend à tous ceux qui se sont occupés de son organisation et de sa réalisation. La Journée mondiale de la jeunesse a été un don, mais, de la façon dont elle s'est déroulée, également le fruit d'un grand travail. C'est pourquoi je désire renouveler particulièrement mes vifs remerciements au Conseil pontifical pour les laïcs, présidé par Mgr Stanislaw Rylko, efficacement assisté du secrétaire du dicastère, Mgr Josef Clemens, qui a été mon secrétaire pendant des années, et à mes confrères de l'épiscopat allemand, en premier lieu à l'archevêque de Cologne, le cardinal Joachim Meisner. Je remercie les autorités politiques et administratives qui ont apporté une importante contribution, qui ont aidé généreusement et ont rendu possible ces jours-ci le déroulement serein de toutes les manifestations ; je remercie les nombreux volontaires venus de tous les diocèses allemands et de tous les pays. Un merci cordial aussi aux nombreux monastères de vie contemplative, qui ont accompagné de leur prière la Journée mondiale de la jeunesse.

En ce moment où la présence vivante du Christ ressuscité au milieu de nous nourrit notre foi et notre espérance, je suis heureux d'annoncer que la prochaine Rencontre mondiale de la jeunesse aura lieu à Sydney, en Australie, en 2008. Confions à la garde maternelle et prévenante de la Très Sainte Vierge Marie le chemin futur des jeunes du monde entier.

Angelus Domini…

[français] Je salue avec affection les jeunes francophones. Je vous remercie, chers amis, pour votre participation et je vous souhaite de retourner dans vos pays, portant

en vous, comme les Mages, la joie d'avoir rencontré le Christ, le Fils du Dieu vivant.

[anglais] Aux jeunes de langue anglaise, provenant de toutes les parties du monde, j'adresse un chaleureux salut, au terme de ces inoubliables Journées. Que la lumière du Christ, que vous avez suivie pour venir à Cologne, resplendisse maintenant encore plus clairement et plus fortement dans votre vie !

[espagnol] Chers jeunes de langue espagnole ! Vous êtes venus adorer le Christ. Maintenant que vous l'avez rencontré, continuez à l'adorer dans vos cœurs, en étant toujours prêts à rendre compte de l'espérance qui est en vous (*cf.* 1 P 3,15). Bon retour dans vos pays !

[italien] Chers amis de langue italienne ! La vingtième Journée mondiale de la jeunesse arrive désormais à son terme, mais cette célébration eucharistique continue dans la vie : portez à tous la joie du Christ que vous avez rencontré ici !

[polonais] Je vous salue affectueusement vous tous, jeunes Polonais ! Comme vous dirait le grand pape Jean-Paul II, tenez vive la flamme de la foi dans votre vie et dans celle de votre peuple. Que Marie, mère du Christ, guide toujours vos pas !

[portugais] Je salue avec affection les jeunes de langue portugaise. Je vous souhaite, chers jeunes, de vivre toujours dans l'amitié avec Jésus, pour faire l'expérience de la vraie joie et pour la communiquer à tous, spécialement aux jeunes de votre âge qui sont le plus en difficulté.

[philippin] Chers amis de langue philippine et vous tous, jeunes d'Asie ! Comme les Mages, vous êtes venus

d'Orient adorer le Christ. Maintenant que vous l'avez rencontré, retournez dans vos pays en portant dans votre cœur la lumière de son amour !

[swahili] Un salut chaleureux à vous aussi, jeunes Africains ! Portez dans votre grand et bien-aimé continent l'espérance que le Christ vous a donnée. Soyez partout des semeurs de paix et de fraternité !

[allemand] Chers amis qui me comprenez dans ma langue, je vous remercie de tout cœur pour l'affection avec laquelle vous m'avez soutenu en ces jours. Soyez proches de moi par la prière. Je vous en prie ! Marchez dans l'unité ! Soyez toujours fidèles au Christ et à l'Église ! La paix et la joie du Christ soient toujours avec vous !

Un don de Dieu

Rencontre avec les évêques allemands

« Piussaal » (Salle Pie) du Séminaire de Cologne
Dimanche 21 août 2005

Chers et vénérés confrères !

Je désire avant tout exprimer ma grande joie que nous ayons eu la possibilité de nous voir et de passer encore un peu de temps ensemble après de belles journées, qui furent chargées, et d'avoir donc le bonheur de nous rencontrer. Bien que je ne sois, en réalité, qu'un ancien membre de la Conférence épiscopale allemande, je me sens encore uni à vous tous par un lieu fraternel, qui ne peut faire défaut.

Je désire ensuite remercier le cardinal Lehmann pour ses paroles cordiales et les souligner dans l'esprit de ce que moi aussi j'ai dit aujourd'hui au terme de cette célébration eucharistique : c'est-à-dire exprimer une fois de plus le grand « remerciement » que nous avons tous dans notre âme. Nous savons tous que tout le travail de préparation et les grandes choses qui ont été faites ne suffisent pas à rendre possible tout cela, qui doit donc nécessairement être un don. Étant donné que personne ne peut simplement créer l'enthousiasme des jeunes, personne ne peut créer pendant des jours entiers cette union dans la foi et dans la joie de la foi. Et, jusqu'aux conditions météorologiques, tout a été véritablement un don pour lequel nous rendons grâces au Seigneur et que nous interprétons également comme un devoir à faire notre part de travail afin que cet enthousiasme perdure et devienne une force pour la vie de l'Église dans notre pays. Je désire remercier à nouveau le cardinal Meisner et ses collaborateurs pour le grand travail de préparation qu'ils ont accompli. Je désire en outre remercier le cardinal Lehmann, ses collaborateurs et vous tous, car tous les diocèses ont coopéré à la réalisation de cet événement. Toute l'Allemagne a accueilli les pèlerins, s'est mise en route avec la Vierge et la Croix et a pu ainsi recevoir ce don. Je remercie également vivement pour cette statue, qui a encore besoin d'un peu de temps pour atteindre, pour ainsi dire, sa forme définitive. Mais je suis très content que saint Boniface se trouve à présent aussi chez moi et exprime ainsi de façon visible, à mon intention également, ce qui lui tenait particulièrement à cœur, c'est-à-dire l'union entre l'Église d'Allemagne et Rome. De même qu'il a guidé l'Église d'Allemagne vers l'unité avec le successeur de Pierre, il me guide à présent moi aussi vers la communion fraternelle durable avec les évêques d'Allemagne, avec l'Église qui est en Allemagne.

Le Saint-Père Jean-Paul II, le génial promoteur des Journées mondiales de la jeunesse — une intuition que je considère comme une inspiration —, a montré que les deux parties donnent et reçoivent. Non seulement nous avons fait notre part de travail de la meilleure façon possible, mais les jeunes également, avec leurs questions, avec leurs espérances, avec leur joie dans la foi, avec leur enthousiasme à renouveler l'Église, nous ont donné quelque chose. Nous rendons grâces pour cette réciprocité et nous espérons qu'elle se poursuivra, c'est-à-dire que les jeunes, avec leurs questions, leur foi et leur joie dans la foi, continueront à être pour nous un encouragement à vaincre notre pusillanimité et notre fatigue, et nous poussera, à notre tour, avec l'expérience de la foi qui nous est donnée, à travers l'expérience du ministère pastoral, par la grâce du sacrement dans lequel nous nous trouvons, à leur indiquer la route, afin que leur enthousiasme suive également un ordre juste. De même qu'une source doit être canalisée afin de pouvoir distribuer son eau de façon utile, ainsi cet enthousiasme doit être également, d'une certaine manière, toujours façonné de nouveau dans sa forme ecclésiale.

Ici, en Allemagne, nous sommes habitués, et moi en particulier en tant que professeur, à voir surtout les problèmes. Toutefois, je considère que nous devrions admettre que tout cela a été possible parce qu'en Allemagne, en dépit de tous les problèmes de l'Église, en dépit de tous les aspects discutables qu'il peut y avoir, il existe véritablement une Église vivante, une Église qui possède de nombreux aspects positifs, dans laquelle beaucoup de personnes sont prêtes à s'engager pour leur foi et à lui consacrer leur temps libre, également à donner de l'argent et un peu de leurs biens simplement pour y contribuer par leur existence. Il me semble que cela est devenu à nouveau visible pour nous : combien de personnes en Allemagne, en dépit de toutes les difficultés dont nous nous plaignons, sont croyantes aujourd'hui encore, constituent une Église vivante et rendent possible de cette façon qu'un événement comme les JMJ ait son propre contexte, son propre humus, dans lequel croître et prendre sa propre forme.

Je pense que nous devrions nous rappeler les nombreux prêtres, religieux et laïcs qui, fidèles à leur service, œuvrent dans des conditions pastorales difficiles. Et il n'est pas besoin que je souligne la générosité, connue dans le monde entier, des catholiques allemands ; une générosité qui n'est pas seulement matérielle, dans la mesure où il existe également de nombreux prêtres allemands *« Fidei donum »*.

Je le constate dans les visites *ad limina* : même en Papouasie-Nouvelle-Guinée, dans les îles Salomon et dans des régions auxquelles on ne penserait pas, œuvrent des prêtres allemands qui répandent la semence de la Parole, qui s'identifient avec les personnes et qui, dans ce monde menacé où une grande part de choses négatives proviennent également de l'Occident, diffusent ainsi la grande force de la foi et, avec elle, tout ce qu'il y a de positif dans ce qui nous est donné.

Le travail accompli par les nombreuses institutions caritatives est remarquable : de *Misereor*, *Adveniat*, *Missio*, *Renovabis* jusqu'aux *Caritas* diocésaines et paroissiales. L'œuvre éducative des écoles catholiques et des autres institutions et organisations catholiques en faveur de la jeunesse est vaste, elle aussi. Je ne voudrais pas faire une liste exhaustive de tout ce qu'il y a de positif à dire, mais seulement y faire allusion, afin que ces aspects ne soient pas oubliés et nous donnent toujours courage et joie. Outre les aspects positifs qu'il est important, je pense, de ne pas oublier et pour lesquels il faut toujours être reconnaissants, nous devons également admettre que, sur le visage de l'Église universelle comme de l'Église qui est en Allemagne, ne manquent pas, malheureusement, des rides et des ombres qui en obscurcissent la splendeur. Par amour et avec amour, nous voulons les évoquer, elles aussi, en ce moment de fête et d'action de grâces. Nous savons que sécularisation et déchristianisation continuent de progresser, que le relativisme s'accroît, que l'influence de l'éthique et de la morale catholiques est toujours moindre. Beaucoup de personnes abandonnent l'Église ou, si elles y restent, acceptent seulement une partie de l'enseignement catholique, choisissant uniquement certains aspects du christianisme. La situation religieuse demeure préoccupante à l'Est, où, comme nous le savons, la majorité de la population n'est pas baptisée et n'a aucun contact avec l'Église, et souvent ne connaît ni le Christ ni l'Église. Nous reconnaissons dans ces réalités autant de défis. Vous-mêmes, chers confrères, avez affirmé dans votre Lettre pastorale du 21 septembre 2004, à l'occasion du jubilé de saint Boniface : « Nous sommes devenus une terre de mission. » Cela vaut pour de vastes parties de l'Allemagne. C'est pourquoi je considère que dans toute l'Europe, et pas moins en France, en Espagne et ailleurs, nous devrions réfléchir sérieusement sur la façon dont nous pouvons réaliser aujourd'hui une véritable évangélisation, non seulement une nouvelle évangélisation, mais souvent une authentique première évangélisation. Les gens ne connaissent pas Dieu, ne connaissent pas le Christ. Il existe un nouveau paganisme et il ne suffit pas de s'efforcer de conserver le troupeau existant, même si cela est très important ; une grande question s'impose : Qu'est-ce qu'est réellement la vie ? Je crois que nous devons tous ensemble essayer de trouver de nouvelles façons de ramener l'Évangile dans le monde actuel, d'annoncer de nouveau le Christ et d'établir la foi.

Ce panorama que la Journée mondiale de la jeunesse ouvre devant nous, et que je n'ai indiqué qu'à grands traits, nous invite à projeter notre regard vers l'avenir. Les jeunes constituent pour l'Église, et en particulier pour nous pasteurs, pour les parents et pour les éducateurs, un appel vivant à la foi. Je voudrais dire encore une fois qu'il me semble que cela a été une grande inspiration de la part du pape Jean-Paul II d'avoir choisi pour ces JMJ le thème « Nous sommes venus l'adorer » (Mt 2,2). Parfois, nous sommes tellement oppressés, à juste titre oppressés, par les immenses nécessités sociales du monde, par tous les problèmes d'organisation et les problèmes structurels qui existent, qu'il peut arriver que l'adoration soit mise de côté comme quelque chose à reporter à plus tard. Le P. Delp a affirmé un jour que rien n'est plus important que l'adoration. Il l'a dit dans le contexte de son époque, lorsqu'il était évident que la destruction de l'adoration détruisait l'homme. Toutefois, dans le nouveau contexte de l'adoration perdue, et donc du visage perdu de la dignité humaine, c'est à nouveau à nous qu'il revient de comprendre la priorité de l'adoration et de rendre les jeunes, nous-mêmes et nos communautés conscients du fait qu'il ne s'agit pas d'un luxe de notre époque confuse, que l'on ne pourrait peut-être pas se permettre, mais au contraire d'une priorité. Là où il n'y a plus d'adoration, là où l'hommage à Dieu n'est plus rendu comme priorité, les réalités de l'homme ne peuvent pas non plus évoluer. Nous devons donc tenter de rendre visible le visage du Christ, le visage du Dieu vivant, afin que nous nous retrouvions spontanément, tout comme les Rois mages, à nous prosterner et à l'adorer. Certes, avec les Mages, deux choses ont lieu : d'abord, ils cherchèrent, puis ils trouvèrent et adorèrent. De nombreuses personnes aujourd'hui sont en recherche. Nous aussi, nous le sommes. Au fond, dans une dialectique différente, il faut toujours qu'il y ait les deux choses. Nous devons respecter la recherche de l'homme, la soutenir, lui faire sentir que la foi n'est pas simplement un dogmatisme complet en soi qui éteint la recherche, la grande soif de l'homme, mais qui projette au contraire le grand pèlerinage vers l'infini ; que, en tant que croyants, nous sommes toujours en même temps ceux qui cherchent et ceux qui trouvent. Dans son commentaire des Psaumes, saint Augustin interprétait l'expression « *Quaerite faciem eius semper* », « Cherchez toujours son visage », de façon si splendide que, dès mes années d'étudiant, ses paroles demeurèrent gravées dans mon cœur. Cela ne vaut pas seulement pour cette vie, mais pour l'éternité ; ce visage devra continuellement être redécouvert ; plus nous entrons dans la splendeur de l'amour divin, plus les découvertes seront grandes, plus il sera beau d'aller de l'avant et de savoir que la recherche n'a pas de fin et que trouver est donc sans fin et signifie éternité — la joie de chercher et de trouver. Nous devons soutenir les personnes dans leur recherche comme collaborateurs de leur recherche, et leur donner dans le même temps, également, la certitude que Dieu nous a trouvés et que nous pouvons donc également le trouver. Nous voulons être une Église ouverte à l'avenir, riche de promesses pour les nouvelles générations. Il ne s'agit pas d'une feinte jeunesse, ce qui est au fond ridicule, mais d'une jeunesse authentique, qui coule de la source de l'éternité, qui est toujours nouvelle, qui découle de la transparence du Christ dans son Église : c'est de cette façon qu'il nous donne la lumière pour aller de l'avant. C'est dans cette lumière que nous pouvons trouver le courage d'affronter avec confiance les questions les plus difficiles qui se posent aujourd'hui à l'Église qui est en Allemagne. Comme je l'ai déjà dit, d'un côté, nous devons accueillir la provocation de la jeunesse, de l'autre, toutefois, nous devons à notre tour éduquer les jeunes à la patience, sans laquelle on ne peut rien trouver ; nous devons les éduquer au discernement, à un réalisme sain, à la capacité d'être définitifs. L'un des chefs d'État m'ayant récemment rendu visite m'a dit que sa principale préoccupation concernait l'incapacité diffuse de prendre des décisions définitives de peur de perdre sa propre liberté.

En réalité, l'homme devient libre lorsqu'il se lie, lorsqu'il trouve des racines, car alors il peut croître et mûrir Éduquer à la patience, au discernement, au réalisme. Mais sans faux compromis, pour ne pas diluer l'Évangile !

L'expérience de ces vingt dernières années nous a enseigné que chaque Journée mondiale de la jeunesse constitue, en un sens, un nouveau commencement pour la pastorale des jeunes du pays qui l'a accueillie. La préparation de l'événement mobilise déjà des personnes et des ressources. Nous l'avons bien vu ici, en Allemagne : une véritable « mobilisation » a envahi le pays, activant des énergies. Enfin, la célébration elle-même apporte avec elle un vent d'enthousiasme, qu'il faut soutenir et, pour ainsi dire, rendre définitif. C'est un potentiel énorme d'énergie, qui peut davantage s'accroître en se répartissant sur le territoire. Je pense aux paroisses, aux associations, aux mouvements. Je pense aux prêtres, aux religieux, aux catéchistes, aux animateurs engagés avec les jeunes. Je pense qu'en Allemagne on sait combien de personnes se sont engagées pour cet événement. Je prie pour que cela puisse marquer, pour chacun de ceux qui ont collaboré, une authentique croissance dans l'amour pour le Christ et pour l'Église, et je les encourage tous à poursuivre ensemble, avec un esprit de service renouvelé, le travail pastoral parmi les nouvelles générations. Nous devons apprendre à nouveau la disponibilité au service et la transmettre.

La majorité des jeunes Allemands vit dans de bonnes conditions sociales et économiques. Toutefois, nous savons que les situations difficiles ne manquent pas. Dans toutes les catégories sociales, et en particulier celles aisées, le nombre des jeunes provenant de familles éclatées augmente. Le chômage des jeunes en Allemagne s'est malheureusement accru. En outre, beaucoup de garçons et de filles se retrouvent dans la confusion, privés de réponses valables à leurs demandes sur le sens de la vie et de la mort, sur leur présent et sur leur avenir. Beaucoup de propositions de la société moderne débouchent sur le vide et, malheureusement, bien des jeunes finissent dans les « sables mouvants » de l'alcool et de la drogue, ou dans la spirale de groupes extrémistes. Une partie des jeunes Allemands, surtout à l'Est, n'a jamais connu personnellement la Bonne Nouvelle de Jésus Christ. Même dans les zones traditionnellement catholiques, l'enseignement de la religion et la catéchèse ne réussissent pas toujours à faire naître des liens durables entre les jeunes et la communauté ecclésiale, et, pour cela, vous êtes tous ensemble engagés — je le sais — à chercher des chemins nouveaux pour rejoindre les jeunes, et la Journée mondiale de la jeunesse a été — comme le disait le pape Jean-Paul II — une sorte de « laboratoire » dans ce sens.

Je pense que nous réfléchissons tous — et il en est de même dans les autres pays occidentaux — sur la façon de rendre la catéchèse plus efficace. J'ai lu sur le *HERDER-Korrespondenz* que vous avez publié un nouveau document catéchétique que je n'ai malheureusement pas pu voir encore, mais je suis heureux de pouvoir constater combien ce problème vous tient à cœur. En effet, il est préoccupant pour nous tous de constater que, en dépit de l'enseignement de la religion reçu par le passé, les connaissances religieuses sont très limitées et que de nombreuses personnes ignorent des choses souvent simples et élémentaires. Que pouvons-nous faire ? Je ne le sais pas. Peut-être, d'une part, devrait-il exister une sorte de précatéchèse d'accès pour les non-croyants qui ouvre avant tout à la foi — et cela est également le contenu de nombreuses tentatives catéchétiques — mais, d'autre part, il faut avoir également toujours de nouveau le courage de transmettre le mystère lui-même dans sa beauté et dans sa grandeur et de rendre possible l'élan à le contempler, à apprendre à l'aimer, puis à le connaître : voilà ce que c'est ! Aujourd'hui, dans mon homélie, j'ai souligné que le pape Jean-Paul II nous a donné deux instruments exceptionnels : le *Catéchisme de l'Église catholique* et son *Compendium,* qu'il a également désiré. Nous avons fait en sorte que la traduction allemande soit prête à l'occasion de la Journée mondiale de la jeunesse. En Italie, un demi-million d'exemplaires ont déjà été vendus. Il se vend chez les marchands de journaux, cela suscite donc la curiosité des personnes : Qu'est-ce qu'il y a là-dedans ? Que dit l'Église catholique ? Je crois que nous devrions avoir le courage de soutenir également cette curiosité et de tenter d'introduire précisément ces livres, qui représentent le contenu du mystère, dans la catéchèse afin que, en accroissant la conscience de notre foi, la joie qui jaillit d'elle augmente également.

Deux autres aspects me tiennent également beaucoup à cœur. L'un d'entre eux est constitué par la pastorale des vocations. Je pense que la récitation des vêpres dans l'église Saint-Pantaléon nous a également donné le courage d'aider les jeunes et de le faire d'une façon juste, de manière qu'ils puissent entendre l'appel du Seigneur et se demander : « Me veut-il ? » et que puisse à nouveau croître la disponibilité à se faire appeler et à entendre un tel appel. L'autre aspect auquel je tiens beaucoup est la pastorale familiale. Nous voyons les menaces pour la famille ; dans le même temps, les instances laïques reconnaissent, elles aussi, qu'il est important que la famille vive en tant que cellule fondamentale de la société, que les enfants puissent grandir dans un climat de communion entre les générations, afin que demeure la continuité entre le présent, le passé et le futur, et que dure également la continuité des valeurs, afin qu'augmente la capacité de rester et vivre ensemble : c'est cela qui permet d'édifier un pays dans la communion.

J'ai voulu affronter précisément ces trois aspects : catéchèse, pastorale des vocations et pastorale familiale.

Dans le monde des jeunes, comme nous l'avons vu, les associations et les mouvements, qui constituent une richesse indubitable, jouent un rôle important. L'Église doit mettre en valeur ces réalités et en même temps elle doit les guider avec une sagesse pastorale, afin qu'elles contribuent le mieux possible, avec leurs divers dons, à l'édification de la communauté, ne se mettant jamais en concurrence les unes avec les autres — en construisant, pour ainsi dire, chacune leur petite église —, mais en se respectant et en collaborant ensemble en faveur de l'unique Église — de la paroisse unique comme Église du lieu — pour susciter chez les jeunes la joie de la foi, l'amour pour l'Église et la passion pour le Règne de Dieu. Je pense que cela représente précisément un autre aspect important : cette communion authentique, d'une part, entre les divers mouvements où toute forme d'exclusivisme doit être éliminée, et, de l'autre, entre les Églises locales et ces mouvements, de façon que les Églises locales reconnaissent cette particularité, qui semble étrangère à de nombreuses personnes, et l'accueillent en leur sein comme une richesse, comprenant que, dans l'Église, il existe de nombreuses voies et que toutes ensemble elles forment une symphonie de la foi. Les Églises locales et les mouvements ne sont pas en opposition entre eux, mais constituent une structure vivante de l'Église.

Chers confrères, si Dieu le veut, nous aurons d'autres occasions d'approfondir les questions qui interpellent notre sollicitude pastorale commune. J'ai voulu cette fois-ci, de façon certes brève et non exhaustive, recueillir brièvement le message laissé par le grand pèlerinage des jeunes. Il me semble qu'au terme de cet événement la demande que les jeunes nous adressent pourrait se résumer ainsi : « Oui, nous sommes venus l'adorer. Nous l'avons rencontré. Aidez-nous maintenant à devenir ses disciples et ses témoins. » C'est un appel exigeant, mais consolant pour le cœur d'un Pasteur. Que le souvenir des journées vécues à Cologne sous le signe de l'espérance soutienne notre service commun ! Je vous laisse mon affectueux encouragement, qui est en même temps une fervente demande fraternelle, celle de marcher et de travailler dans l'unité, en vous fondant sur une communion qui a dans l'Eucharistie son sommet et sa source intarissable. Je vous confie tous à Marie, Mère du Christ et de l'Église, et de tout cœur j'accorde à chacun de vous et à vos communautés ma bénédiction apostolique. Merci.

Que l'Évangile soit accueilli dans son intégralité

Cérémonie de départ à l'aéroport de Cologne

Dimanche 21 août 2005

Monsieur le Président,
Chers jeunes amis,
Mesdames et Messieurs,

Au terme de ma première visite en terre allemande comme évêque de Rome et Successeur de Pierre, je ressens encore une fois le désir d'exprimer ma vive reconnaissance pour l'accueil qui m'a été réservé, ainsi qu'à mes collaborateurs et aux nombreux jeunes venus à Cologne de tous les continents, à l'occasion de la Journée mondiale de la jeunesse. Le Seigneur m'a appelé à succéder au bien-aimé pape Jean-Paul II, génial initiateur des Journées mondiales de la jeunesse. Avec crainte, mais également avec joie, j'ai recueilli cet héritage et je remercie Dieu qui m'a permis de vivre avec de nombreux jeunes cette nouvelle étape de leur pèlerinage spirituel de continent en continent, en suivant la Croix du Christ.

Je remercie toutes les personnes qui se sont engagées avec efficacité, pour que toutes les étapes et tous les moments de cette rencontre extraordinaire se déroulent de manière ordonnée et avec sérénité. Les journées que nous avons passées ensemble ont permis à de nombreux jeunes, garçons et filles provenant du monde entier, de mieux connaître l'Allemagne. Nous sommes tous conscients du mal venu de notre patrie au XXe siècle, et nous le reconnaissons avec honte et douleur. Mais en ces jours, grâce à Dieu, on a pu découvrir amplement qu'existait et existe aussi l'autre Allemagne — un pays aux ressources humaines, culturelles et spirituelles singulières. Je souhaite que ces ressources, grâce aussi à l'événement de ces jours, se répandent de nouveau dans le monde ! Maintenant, les jeunes du monde entier peuvent repartir dans leurs pays, enrichis par les contacts et par l'expérience de dialogue et de fraternité qu'ils ont eus dans diverses régions de notre patrie. Je suis certain que leur séjour, marqué par l'enthousiasme propre à leur âge, laisse aux populations qui les ont accueillis avec générosité un souvenir agréable, et que cela représente également pour l'Allemagne un signe d'espérance. En effet, on peut dire que, au cours de ces journées, l'Allemagne a été le centre du monde catholique. Les jeunes de tous les continents et de toutes les cultures, se serrant avec foi autour de leurs pasteurs et du Successeur de Pierre, ont rendu visible une Église jeune, qui, avec imagination et courage, veut dessiner le visage d'une humanité plus juste et plus solidaire. En suivant l'exemple des Mages, les jeunes se sont mis en route pour rencontrer le Christ, comme le rappelle le thème de la Journée mondiale de la jeunesse. Maintenant, ils repartent vers leurs contrées et dans leurs villes, afin de témoigner de la lumière, de la beauté et de la force de l'Évangile, dont ils ont fait l'expérience.

Avant de partir, j'éprouve la nécessité de remercier toutes les personnes qui ont ouvert leur cœur et leurs maisons à ces innombrables jeunes pèlerins. Je remercie les autorités gouvernementales, les responsables politiques et les différentes administrations civiles et militaires, ainsi que les services de sécurité et les multiples organisations de volontaires qui, avec un grand dévouement, ont travaillé pour la préparation et pour le bon déroulement de toutes les initiatives et de toutes les manifestations de cette Journée mondiale. Je remercie toutes les personnes qui ont organisé les rencontres de réflexion et de prière, de même que les célébrations liturgiques, dans lesquelles nous ont été offerts des exemples éloquents de la vitalité joyeuse de la foi qui anime les jeunes de notre temps. En outre, je voudrais exprimer ma gratitude aux responsables des autres Églises et communautés ecclésiales, ainsi qu'aux représentants des autres religions qui ont voulu être présents à cette importante rencontre, je souhaite que s'intensifie l'engagement commun pour transmettre aux jeunes générations les valeurs humaines et spirituelles qui se révèlent indispensables pour construire un avenir de liberté véritable et de paix.

Mon plus vif remerciement va au cardinal Joachim Meisner, archevêque de Cologne, diocèse qui a accueilli cette rencontre mondiale, à l'épiscopat allemand, guidé par son président, le cardinal Karl Lehmann, aux prêtres, aux religieux et aux religieuses, aux communautés paroissiales, aux associations de laïcs et aux mouvements qui se sont mobilisés pour rendre le séjour des jeunes spirituellement fructueux. Un remerciement spécial et affectueux va aux jeunes Allemands qui, de différentes manières, se sont rendus disponibles pour accueillir les jeunes de leur âge et qui, avec eux, ont partagé des moments de foi que l'on peut qualifier de mémorables. Mon souhait est que cet événement ecclésial reste gravé dans la vie des catholiques d'Allemagne et qu'il soit un encouragement pour un nouvel élan spirituel et apostolique ! Que l'Évangile soit accueilli dans son intégralité et témoigné avec passion par tous les disciples du Christ, pour qu'il se révèle ainsi comme un ferment de renouveau authentique de toute la société allemande, grâce aussi au dialogue avec les différentes communautés chrétiennes et avec les membres des autres religions !

Mon salut déférent et mes remerciements vont enfin aux autorités politiques, civiles, diplomatiques, qui ont voulu être présentes à ce rassemblement. À vous, monsieur le Président, j'exprime en particulier ma reconnaissance pour l'attention que vous m'avez réservée, en m'accueillant personnellement au début de ma visite et en participant à présent à la cérémonie de départ. Merci de tout cœur ! À travers vous, je remercie les membres du gouvernement et tout le peuple allemand, dont les nombreux représentants m'ont manifesté leur grande affection au cours de ces intenses moments de communion. Le cœur rempli d'émotion et des souvenirs de ces journées, je m'apprête à retourner à Rome, invoquant sur tous l'abondance des bénédictions divines, pour un avenir de sereine prospérité, de concorde et de paix.

Conclusion
Du cœur de la « vieille » Europe, le message d'espérance des jeunes
Audience générale

Mercredi 24 août 2005

Chers frères et sœurs !

Comme le bien-aimé pape Jean-Paul II avait l'habitude de le faire après chaque pèlerinage apostolique, je voudrais moi aussi reparcourir aujourd'hui, avec vous, les journées passées à Cologne à l'occasion de la *Journée mondiale de la jeunesse.* La Providence divine a voulu que mon *premier voyage pastoral* en dehors de l'Italie ait comme objectif précisément mon pays d'origine et se déroule à l'occasion de la grande rencontre des jeunes du monde, vingt ans après l'institution de la Journée mondiale de la jeunesse, voulue avec une intuition prophétique par mon inoubliable prédécesseur. Depuis mon retour, du plus profond de mon cœur, je rends grâce à Dieu pour le don de ce pèlerinage, dont je conserverai un souvenir qui m'est cher. Nous avons tous senti qu'il s'agissait d'un don de Dieu. Bien sûr, beaucoup de personnes ont collaboré, mais, à la fin, la grâce de cette rencontre était un don d'En-haut, du Seigneur. Ma gratitude s'adresse en même temps à tous ceux qui, avec conscience et amour, ont préparé et organisé cette rencontre à chacune de ses étapes : en premier lieu à l'archevêque de Cologne, le cardinal Joachim Meisner, au cardinal Karl Lehmann, président de la Conférence épiscopale, et aux évêques d'Allemagne avec lesquels je me suis entretenu précisément au terme de ma visite. Je voudrais ensuite remercier à nouveau les autorités, les organisateurs et les volontaires qui ont offert leur contribution. Je suis également reconnaissant aux personnes et aux communautés qui, dans toutes les parties du monde, ont soutenu cette rencontre par la prière, ainsi que les malades qui ont offert leurs souffrances pour la réussite spirituelle de cet important rendez-vous.

L'étreinte idéale aux jeunes participants à la Journée mondiale de la jeunesse a commencé dès mon arrivée à l'aéroport de Cologne-Bonn et elle est devenue toujours plus riche d'émotions en parcourant le Rhin, de l'embarcadère de Rodenkirchenerbrücke jusqu'à Cologne, escorté par cinq autres embarcations représentant les cinq continents. L'arrêt en face du quai du Poller Rheinwiesen, où attendaient déjà plusieurs milliers de jeunes avec lesquels j'ai eu la première rencontre officielle, opportunément appelée *« fête d'accueil »* et qui avait pour devise les paroles des Rois mages : « Où est le roi des Juifs qui vient de naître ? » (Mt 2,2a), a ensuite été particulièrement suggestive. Ce sont précisément les Mages qui ont été les « guides » de ces jeunes pèlerins vers le Christ, adorateurs du mystère de sa présence dans l'Eucharistie. Combien il est significatif que tout cela ait eu lieu alors que nous nous approchons de la conclusion de l'Année eucharistique voulue par Jean-Paul II ! « Nous sommes venus l'adorer » : le thème de la rencontre a invité chacun à suivre idéalement les Rois mages, et à accomplir avec eux un voyage intérieur de conversion vers l'Emmanuel, le Dieu-avec-nous, pour le connaître, le rencontrer, l'adorer, et, après l'avoir rencontré et adoré, repartir ensuite en ayant dans son âme, au plus profond de soi-même, sa lumière et sa joie.

À Cologne, les jeunes ont eu à plusieurs reprises l'occasion d'approfondir ces importantes thématiques spirituelles et ils se sont sentis poussés par l'Esprit saint à être des témoins enthousiastes et cohérents du Christ, qui dans l'Eucharistie a promis de rester réellement présent parmi nous jusqu'à la fin du monde. Je repense aux divers moments que j'ai eu la joie de partager avec eux, en particulier la veillée du samedi soir et la célébration de conclusion du dimanche. Des millions d'autres jeunes de tous les lieux de la Terre se sont unis à ces manifestations de foi impressionnantes grâce aux providentielles liaisons radio-télévisées. Mais je voudrais à présent évoquer de nouveau une rencontre particulière, celle avec les séminaristes, des jeunes appelés à suivre personnellement de manière plus radicale le Christ, Maître et Pasteur. J'avais voulu qu'un moment spécifique leur soit consacré, également pour souligner la dimension vocationnelle typique des *Journées mondiales de la jeunesse*. De nombreuses vocations au sacerdoce et à la vie consacrée sont nées au cours de ces vingt années, précisément durant les Journées mondiales de la jeunesse, occasions privilégiées lors desquelles l'Esprit saint fait ressentir avec force son appel.

Dans le contexte riche d'espérance des Journées de Cologne, la *rencontre œcuménique avec les représentants des autres Églises et communautés ecclésiales* trouve harmonieusement sa place. Le rôle de l'Allemagne dans le dialogue œcuménique est important, que ce soit en raison de la triste histoire des divisions ou de son rôle significatif joué sur le chemin de la réconciliation. Je souhaite que le dialogue, en tant qu'échange réciproque de dons et pas seulement de paroles, contribue en outre à faire croître et mûrir cette « symphonie » ordonnée et harmonieuse qu'est l'unité catholique. Dans cette perspective, les Journées mondiales de la jeunesse représentent un « laboratoire » œcuménique fructueux. Et comment ne pas revivre avec émotion la *visite à la synagogue de Cologne*, où siège la plus ancienne communauté juive d'Allemagne ? Avec nos frères juifs, nous avons rappelé la Shoah et le 60e anniversaire de la libération des camps de concentration nazis. En outre, nous fêtons cette année le 40e anniversaire de la déclaration conciliaire *Nostra aetate*, qui a inauguré une nouvelle ère de dialogue et de solidarité spirituelle entre les juifs et les chrétiens, ainsi que d'estime pour les autres grandes traditions religieuses. Parmi celles-ci, une place particulière est occupée par l'islam, dont les fidèles adorent l'unique Dieu et se réfèrent volontiers au patriarche Abraham. C'est pour cette raison que j'ai voulu *rencontrer les représentants de plusieurs communautés musulmanes,* auxquelles j'ai exprimé les espérances et les préoccupations du moment historique difficile que nous vivons, souhaitant que soient extirpés le fanatisme et la violence, et que l'on puisse collaborer ensemble pour défendre toujours la dignité de la personne humaine et protéger ses droits fondamentaux.

Chers frères et sœurs, du cœur de la « vieille » Europe, qui au siècle dernier a connu d'horribles conflits et des régimes inhumains, les jeunes ont reproposé à l'humanité de notre temps le message de l'espérance qui ne déçoit pas, car elle est fondée sur la Parole de Dieu qui s'est faite chair en Jésus Christ, mort et ressuscité pour notre salut. À Cologne, les jeunes ont rencontré et adoré l'Emmanuel, le Dieu-avec-nous, dans le mystère de l'Eucharistie, et ils ont mieux compris que l'Église est la grande famille à travers laquelle Dieu forme un espace de communion et d'unité entre chaque continent, culture et race, une famille plus grande que le monde, qui ne connaît pas de limites ni de frontières, pour ainsi dire une « grande communauté de pèlerins » qui avancent avec le Christ, guidés par lui, étoile radieuse qui illumine l'histoire. Jésus se fait notre compagnon de voyage dans l'Eucharistie, et dans l'Eucharistie — comme je le disais dans *l'homélie de la célébration de conclusion*, en empruntant à la physique une image bien connue — il apporte la « fission nucléaire » au cœur le plus caché de l'être. Seule cette intime explosion du bien qui vainc le mal peut donner vie aux autres transformations nécessaires pour changer le monde. Jésus, le visage de Dieu miséricordieux pour chaque homme, continue à éclairer notre chemin comme l'étoile qui guida les Rois mages, et il nous remplit de sa joie. Nous prions donc afin que les jeunes emportent avec eux, en eux, de Cologne la lumière du Christ qui est la vérité et l'amour et qu'ils la diffusent partout. Je suis certain que, grâce à la force de l'Esprit saint et à l'aide maternelle de la Vierge Marie, nous pourrons assister à un grand printemps d'espérance en Allemagne, en Europe et dans le monde entier.

*

* *

J'accueille avec joie les pèlerins francophones présents ce matin. Chers amis, puisse la rencontre de ce jour être une occasion pour chacun de grandir dans la foi et la confiance dans le Christ, qui nous aime et qui veut nous faire partager sa vie ! À tous, j'accorde bien volontiers la Bénédiction apostolique.

Table des matières

Composé par Nord Compo
Achevé d'imprimer sur les presses de

BUSSIÈRE
GROUPE CPI

à Saint-Amand-Montrond (Cher)
en octobre 2005

N° d'édition : 2888. N° d'impression : 053850/1.
Dépôt légal : octobre 2005.

Imprimé en France